니체와 함께 산책을

세상의 속도에 휩쓸리지 않고 나를 여행하는 법

니체와 함께 산책을

시라토리 하루히코 지음
김윤경 옮김

니체가 거닐던
스위스 호숫가를
그리며

'니체'라는 이름을 들었을 때 머릿속에 어떤 이미지가 떠오르는가? 나는 그 이름을 들을 때마다 '신은 죽었다'는 심오한 문장과 함께, 풍성한 콧수염을 달고 까칠한 눈빛을 한 철학자의 잿빛 이미지가 가장 먼저 떠올랐다. 이 책을 읽기 전까지는 말이다.

하지만 이제 니체를 생각할 때마다 푸른 하늘 아래 투명한 호수와 울창한 숲이 드넓게 펼쳐진 스위스의 아름다운 전경, 그리고 그 고즈넉한 호숫가를 거닐고 있는 한 남자의 모습이 생생하게 떠오를 것 같다. 니체가 바로 그곳에서 산책을 하며 자신의 철학을 완성했음을 이제서야 알게 되었기 때문이다. 이 책에서 니체는 '망치를 든 사상가', '세상과 통념을 비웃었던 문제적 인간' 같은 거친 평가에서 벗어나, 자연을 벗 삼았던 고요한 산책자이자 자신의 내면으로 침잠할 줄 알았던 명상가로서의 면모를 드러낸다.

니체는 독일을 대표하는 시인이자 철학자다. 26세의 젊은 나이에 스위스 바젤대학교의 교수가 되었지만, 건강이 좋지 않아 35세에 교수 생활을 그만두고 이탈리아와 프랑스, 그리고 스위스의 휴양지를 오가며 집필과 사색에 몰두했다.

그는 매일 산책을 하면서 하루에도 몇 번씩 자연과 하나로 녹아드는 기쁨과 감격을 느끼며 절로 명상에 빠져들었다. 니체에게는 산책과 명상이 단순한 소일거리가 아니라, 깊은 절망과 고통을 이겨내고 삶을 긍정하게 하는 절절한 생명의 시간이었을 것이다. 원래 니체는 까칠하고 다가가기 힘든 미지의 인물이라는 이미지가 강하지만, 정신적·육체적 고통에 맞서기 위해 여덟 시간씩 걸었던 그의 모습에서는 어떤 인간적인 동질감마저 느껴진다.

니체는 바로 이런 산책과 명상을 통해서 그 유명한 역작 『차라투스트라는 이렇게 말했다』를 우리에게 남겼다. 이 책은 10년간 산 속에서 명상을 한 차라투스트라가 마침내 인간 세계로 내려와 자신의 지식과 철학적 메시지를 설파하는 내용이다.

니체는 스위스 엥가딘 마을의 실바플라나 호숫길을 산책하던 어느 날, 2미터나 되는 피라미드 모양의 바위와 마주치자 발길을 멈췄다. 그 순간 '영원회귀'에 대한 영감이 온몸을 관통했다고 한다. 영원회귀는 그를 대표하는 사상으로, 지금까지 살아온 삶의 모든 순간이 앞으로도 똑같이, 무한히 반복된다는 철학 개념이다. 그는 이 사상을 받아들이고 자기 삶을 긍정하는 사람을 '초인'이라고 불렀다. 니체는 『차라투스트라는 이렇게 말했다』를 '인류에게 주는 나의 선물'이라고 이야기했다. 그에게 이 책이 얼마나 특별한 작품인지 알 수 있다. 이렇듯 니체는 작품 속에서도 명상을 중요한 매개체로 사용했다. 그의 삶과 사상에서 절대 빼놓을 수 없는 중요한 요소였던 것이다.

니체 외에도 칸트, 소크라테스, 괴테 등 많은 철학자와 문학가, 예술가들은 산책과 명상의 매혹에 빠졌다. 이 책『니체와 함께 산책을』은 니체가 독일 최고의 위인으로 우러렀다는 괴테와 명상의 체험을 아름다운 시로 남긴 릴케, 그리고 심리학자 에리히 프롬과 종교학자 부버 등 일곱 명의 사상가가 일상에서 실천한 명상을 주제로 그들의 삶과 발자취를 따라간다. 그리고 명상이란 무엇인지에 대한 근원적 질문을 던지며 우리삶에 어떤 영향을 미칠 수 있는지 역설한다.

흔히 명상이라고 하면 왠지 엄숙한 분위기에서 정좌하고 앉아 마음을 단단히 먹고 해야 하는 특별한 행위를 떠올릴 것이다. 많이 대중화되었다고는 하지만, 아직도 다소 영적이고 경직된 이미지가 강한 것이다. 하지만 이 책에 따르면 명상은 어렵게 생각할 필요도 없고 누구라도 할 수 있으며, 스스로 알아차리지 못한 잠깐의 시간이 명상일 수도 있다고 한다. 듣기만 해도 마음이 편안해진다. 즉 언제 어디서나 할 수 있고 일상생활 중에도 자연스럽게 빠져들 수 있는 '아무것도 하지 않는' 시간이 바로 명상이다.

2020년 초 갑작스럽게 전 세계를 덮친 코로나 19는 순식간에 우리의 일상을 뒤흔들었다. 일터와 학교 등은 혼란에 빠졌고, 인간관계마저 새로운 형태로 탈바꿈시켰다. 조만간 원래대로 돌아가리라 믿었던 우리는 낯선 삶에 점차 익숙해졌고, 생각지 못했던 방향으로 계속 나아가고 있다. 그러나 여전히 많은 제약에 자신도 모르는 사이에 지쳐가고 있을지도 모른다. 가고 싶은 곳에 가지 못하고 만나고 싶은 사람을 만날 수 없는 시간이 길어지면서 응어리만 쌓여가고 있다. 사실 이런 감정들은 비단 코로나 때문만은 아니다. 우리는 비교적 평온한 삶 속에서도, 필연적으로 많은 고난과 불안을 맞닥뜨리게 되니까.

이런 현실에서도 마음의 평온을 되찾고 언젠가 찾아올 희망을 기쁘게 맞이하기 위해서 바로 지금, 사상가들의 명상에 주목해야 한다. 우리에게는 그 어느 때보다도 '생각하지 않는' 명상의 시간이 필요하다. 불안하고 복잡한 현실에 휘둘리지 않고 마음을 가다듬는 침잠의 시간은 앞으로 나아갈 수 있는 중심축이 되어 자신을 지탱해줄 것이다.

나 역시 개인적으로 불안하고 답답한 시기에 이 책을 만났다. 그리고 사상가들이 새벽 길목에서, 불현듯 바라본 하늘에서, 길가에 핀 꽃에서 삶의 의미와 위안을 찾아내는 걸 보며 커다란 위로를 받았다. 삶의 길목에서 반드시 만나는 어두운 인내의 터널을 최대한 상처 입지 않고 빠져나가기 위해선 산책과 명상이 필요하다.

우리는 그동안 앞만 보고 달리며 메마른 삶을 살아왔다. '아무것도 생각하지 않기'란 거의 불가능에 가까웠을 것이다. 하지만 이제는 멈춰 서서 새로운 방향, 새로운 자신을 찾아 인생을 돌아보고 재정비하는 계기를 만들어야 한다. 철학자들이 그랬듯, 거창한 행동이 아니라 지금 그냥 자리를 박차고 나가 동네를 조금 걷거나 공원이나 야트막한 산 둘레길을 거니는 것도 좋다. 차분히 생각에 잠기고 명상에 젖어들기에 딱 안성맞춤이다. 물론 가족이나 친구와 함께 걸어도 좋다.

이 책은 '명상'과 '철학'에 대한 심적 부담감을 낮춰주고 편안하게 마주할 수 있도록 한다. 명상이 어떤 특별한 이들의 전유물이 아니라는 사실을, 바로 일곱 명의 사상가들이 알려주고 있다.

이 책을 옮기는 동안, 니체가 거닐었다는 스위스 맑은 하늘 아래 펼쳐진 녹음과 호숫가 사진을 수없이 들여다보았다. 실제로 그 길을 걷고 있는 듯한 착각에 마음이 평온해지는 경험을 몇 번이나 했다. 언젠가 자유롭게 원하는 곳으로 갈 수 있는 날이 오면, 가장 먼저 니체가 깨달음을 얻은 그 아름다운 마을의 호숫가를 한 걸음 한 걸음 거닐어보고 싶어졌다.

그리고 설령 당장 그 풍경을 만나지 못한다 한들, 지

금 내가 발 딛고 선 이곳에서 오늘 걷게 될 길, 오늘 보게 될 하늘을 통해 진정한 내면의 나를 되찾기를 바라본다. 이 책을 만난 모든 이도 자신만의 산책법과 명상법을 찾아내 진짜 '자신'에 이르게 되길 바란다.

2021년 가을의 초입에서
번역가 김윤경

진정 위대한 모든 생각은
걷기로부터 나온다.

– 니체

철학자들은
어떻게 자신을
구원했을까?

어린 시절, 나는 책을 읽을 때마다 항상 궁금했다. '이 책을 쓴 저자는 대체 어떤 사람일까?' 다양한 나라, 다양한 시대에 살았던 그들은 정말이지 인간이란 존재를 정확히 이해하고, 인생을 훤히 알고 있는 것 같았다.

10대 중반 사춘기 무렵의 나는 남은 인생이 너무나 길고 무겁고, 견디기 어려울 정도로 버겁게 느껴졌다. 그래서 책을 읽으며 삶의 방향을 찾고, 앞으로 경험할 인생을 예습하려 했다. 물론 독서가 실제로 인생의 완벽한 예습이 되지는 못했지만 말이다.

아무튼 종교, 철학, 사상 분야의 책을 읽으며 새로운 의문이 고개를 들었다. '이 저자들은 어떤 일을 체험한 것일까?' 책에는 그들이 어떤 특별한 체험을 한 게 분명하다고 짐작되는 내용이 자연스럽게 쓰여 있었다.

그들은 체험 자체를 상세히 설명하지 않았다. 오히려 체험에서 비롯된 그들의 새로운 감각이나 인간관을 토대로 글을 썼다. 그렇게 쓰인 글은 저자만의 독특한 표현으로 채색되었지만, 모두 본질적으로 같은 '무언가'를 내포하는 것처럼 보였다. 그들의 인생 경험 중에 어떤 중요한 공통점이 있지 않을까? 나는 책을 반복해 읽으며 그 공통점을 찾기 위해 안간힘을 썼다. 그리고 마침내 공통점을 발견했다.

그들이 인생에서 일관되게 체험한 것은 '관조觀照', '명상瞑想', '초월(깨달음)'이었다. 이 단어들은 현대인에게 그다지 친숙하지 않을 것이다. 설령 어떤 책에서 이 단어들을 접한 기억이 있다 해도 상황은 비슷할 것이다. 세 단어 모두 고리타분하고 왠지 종교적인 느낌으로 부담스럽게 다가올지도 모른다.

하지만 그것은 우리의 선입견이 만든 이미지일 뿐이다. 관조, 명상, 초월은 종교적 색채가 밴 관념이 아니라 기원전부터 인간이 실제로 체험한 것들이다.

이제부터 역사 속 위대한 사상가들이 어떻게 관조, 명상, 초월을 체득해 인생에 활용했는지, 그래서 어떻게 자신의 일상을 구원했는지 여러 문헌을 참고해 설명할 것이다. 그리고 현대사회를 살아가는 우리도 이 세 가지를 체험해 일상생활에 효과적으로 응용할 수 있다는 점을 강조하고자 한다. 만약 당신이 응용에 가장 관심이 있다면 이 책의 후반부터 읽어도 무리가 없을 것이다.

먼저 관조, 명상, 초월이 무엇인지를 간략하게 설명하고, 그 실제 감각과 응용 방법을 상세히 알아보자. 관조란 '있는 그대로 보는 것'이다. 이렇게 말하면 대부분은 '내가 늘 하는 건데? 당연히 그렇게 보는 거 아냐?' 하고 생각할지도 모른다. 하지만 관조란 어떤 대상을 볼 때 사고와 감정을 완전히 배제하는 것이다. 따라서 객관적으로 보는 것과도 다르다. 객관적으로 볼 때는 사고가 개입하기 때문이다.

명상은 꼭 가만히 앉은 상태에서만 하는 것이 아니다. 사고를 멈추고 무언가에 집중한 상태라면 언제든지 명상이 될 수 있다. 길을 걸으면서도, 혹은 작업하면서도 명상을 체험할 수 있다. 이렇듯 명상에는 다양한 기회와 형태가 있으며 본인이 명상이라고 깨닫지 못하는 경우도 많다. 그리고 명상은 언제나 관조와 연결된다.

관조와 명상이 깊어지면 깨달음에 이르기도 한다. 따라서 이 세 가지는 경계 없이 서로 이어져 있다. 다만 깨달음에 도달해도 그 상태에 계속 머무를 수는 없다. 곧 현실로 되돌아오게 된다. 하지만 깨달음을 체득한 사람은 노련한 조타수처럼 현실의 파고에 휩쓸리지 않고, 자기 자신을 계속해서 구원할 수 있다.

깨달음은 특정한 방법을 통해 얻을 수 있는 것이 아니다. 또 개인의 의지로 도달할 수 있는 영역도 아니다. 우리는 이 사실을 인지해야 한다. 오히려 이 모든 것을 내려놓았을 때, 비로소 깨달음이 불현듯 찾아온다. 이 것은 삶의 신비이자 명상하는 자에게 주어지는 신의 선물일 것이다.

시라토리 하루히코

1부   철학자처럼 자유로워지는 법

1장   철학자의 명상법:
일상에서 나를 여행하는 기술

2부 일상에서 깨달음을 얻는 법

1부

철학자처럼 자유로워지는 법

철학자의 명상법

일상에서 나를 여행하는 기술

산책 중에 발견하는
삶의 기쁨

– 니체

산책은 구원이었다

독일의 철학자 프리드리히 니체는 날씨가 우리 삶에
큰 영향을 미친다고 믿었다. 그는 35세의 젊은 나이에
교수직에서 퇴직할 정도로 병약했지만, 맑게 갠 화창한
날에는 몸이 아픈 걸 느끼지 못했다. 특히 휴양지에서
즐기는 산책은 그의 몸과 마음을 치유하는 구원이었다.

여기서 말하는 산책은 주변을 어슬렁거리며 한 시간

정도 집 근처를 느긋하게 거니는 수준이 아니다. 적어도 5킬로미터가 넘는 거리를 빠른 걸음으로 걷는 것이 당시 독일인이 생각하던 산책Spaziergang이다. 우리가 흔히 생각하는 여유로운 산책과는 전혀 다르다. 니체는 비 오는 날에도 우산을 쓰고 산책하러 나갔다.

1881년 7월, 37세의 니체는 스위스 동부를 100킬로미터가량 가로지르는 계곡 지대인 엥가딘에 머물렀다. 인Inn강이 흐르는 약 15킬로미터 사이에 실스 호수, 실바플라나 호수, 샴페레 호수, 생모리츠 호수가 있었다.

니체는 해발 약 1800미터 지대에 있는 아름다운 호반을 따라 숲속 길을 매일 혼자 걸었다. 그렇게 산책하는 데 보통 여덟 시간에서 길게는 열 시간이 걸렸다. 니체는 이곳뿐 아니라 자신이 머물던 여러 고장에서 매번 오랜 시간 산책했다. 산책이란 니체에게 현실적인 구원이었다. 그 구원은 도시와 사람들, 번잡한 세상사에서 물리적으로 최대한 멀리 벗어나는 일이었다. 그리고 자연에 파묻혀 스스로 자연의 일부로 녹아드는 일이었다. 니체는 이러한 체험을 종종 기록했다.

우리는 자연에 관해 자주 이야기한다. 그때마다 자연스레 자신을 잊게 된다. 인간도 자연이다. 진짜 자연은 우리가 자연이라는 말을 사용할 때 느끼는 것과는 전혀 다르다.[1]

니체는 자연에서 찾아낸 세 가지를 사랑했는데, 바로 광대함, 고요함, 햇빛이었다.[2] 그는 하루에 여덟 시간 동안 혼자 자연 속에 있다 보면 15분간의 깊은 침잠이 몇 번 찾아온다고 말했다.

그 여덟 시간 동안 몇 번인가 아주 깊은 15분이 찾아온다. 그때야말로 내 안의 가장 깊은 샘에서 솟아나는 활성 음료를 마실 수 있다.[3]

니체는 시적이고 상징적인 표현을 사용했는데, 이 '특별한 15분'이 바로 명상의 심층부로 들어가는 것을 의미한다. 니체에게 산책은 자신의 깊은 내면에 이르는 길, 한마디로 '자연 속 명상'이었다.

니체는 26세라는 젊은 나이에 스위스 바젤대학교 고전문헌학과 정교수가 됐지만, 앞서 말했듯 건강상의 이유로 35세에 퇴직했다. 그 후 10년 동안 겨울에는 이탈리아와 프랑스에서, 여름에는 스위스의 휴양지에서 집필과 사색에 몰두했다.

그의 생활비는 바젤대학교에서 매년 지급한 연금 3000프랑(스위스 프랑 기준으로 약 370만 원 - 옮긴이)이었고, 주요 이동 수단은 증기기관차, 증기선, 우편 마차였다. 임대주택의 방 하나를 반년이나 몇 개월 단위로 계약해서 머물곤 했다. 니체는 창밖으로 산이 보이는 어두운 방을 좋아했고, 그런 방을 찾아 자신만의 '동굴'로 삼았다.

낮에는 근처 식당이나 호텔에서 점심을 먹었고, 마음이 내키면 호텔 연회장에 놓인 피아노를 치기도 했다. 그리고 나서 늘 산책했다. 친구에게 온 편지를 우체국 사서함으로 받아 보고, 세상일에 관한 정보는 도서관에 비치된 신문과 잡지에서 얻었다.

니체는 눈의 통증, 두통, 위통, 구토 등의 극심한 신체적 고통이 찾아올 때는 아편으로 견디면서 침대에 누워 있을 수밖에 없었다. 그를 괴롭힌 질병은 명확히 밝혀지지 않았다. 후대의 의사들은 니체가 아마 뇌종양을 앓았거나 진행성 핵상 마비 질환에 시달렸을 것으로 추측한다.

걸으면서도 명상할 수 있다

이렇듯 니체는 신체도 정신도 불안정했다. 그가 여덟 시간이 넘는 긴 산책 중 저 깊은 내면에 이르는 15분간 큰 기쁨을 느꼈다는 사실은 그가 남긴 메모와 편지에 고스란히 드러난다. 니체는 자신과 타자의 경계가 사라지고, 자연과 합일하는 데서 기쁨을 느꼈다.

1880년 여름, 휴양지로 유명한 체코 서부의 마리엔바드에서 지내던 니체는 친한 친구에게 편지를 보냈다.

나는 산책하다가 울고 말았다네. 그건 광희의 눈물이
었지. 내가 다른 사람들보다 먼저 체득한, 세상을 보는
새로운 시선에 기쁨이 차올라 나는 노래 불렀고, 또한
무의미한 말을 무심코 입 밖으로 꺼냈다네.[4]

일주일 후에도 니체는 숲속을 산책하는 기쁨을 편지
에 담았다.

나는 나 자신을 훨씬 뛰어넘었지. 마침 숲속을 지나가
던 한 남자가 나를 무척 유심히 보더군. 그 순간 내 얼
굴은 넘치는 행복으로 빛나고 있었을 거야.[5]

철학자 카를 야스퍼스를 비롯해 후대의 의사들은 니
체의 이런 고백을 다행증(현재의 객관적인 상황과 상관없이
심리적 감정적으로 비정상적일 만큼 과도하게 느끼는 행복감 –
옮긴이) 같은 정신질환의 표출로 추측했다. '혹시 니체
가 무언가 특별한 체험을 했던 건 아닐까?' 하는 의문
을 전혀 품지 않은 까닭은 의사의 생각이 단지 질병의

유무에만 머물렀을 뿐, 명상을 체험한 적은 없었기 때문이다.

누군가와 함께 하이킹하는 기분으로 숲속을 산책하면, 자연과 하나 됨을 느끼기 어렵다. 즉 나는 나이고, 주위를 둘러싼 초목은 자연 그대로의 초목일 뿐이다. 하지만 혼자 산과 들을 걸으면서 무의식중에 명상 상태로 들어가면 '나'와 '자연'의 경계가 허물어지고, 어느새 하나로 녹아든다. 그러면 니체처럼 그 자리에서 넘치는 기쁨을 맛볼 수 있다.

분명 많은 사람이 명상은 가만히 앉은 고요한 상태에서 일어나는 신비로운 일이라고 생각할 것이다. 하지만 산책을 하면서도 얼마든지 명상 상태에 들어설 수 있다.

참선하는 승려가 수행 이외에 청소라든지 생활에 필요한 잡무를 묵묵히 해낼 때도 일종의 '선정禪定', 즉 사고하지 않는 명상 상태에 이를 수 있다. 마찬가지로 혼자 산책을 하다가도 쉽게 명상을 체험할 수 있다. 이 현상을 단지 생각이나 상상만으로는 온전히 이해할 수 없다. 자신이 실제로 경험해야만 알 수 있다. 니체는 그때의 기쁨을 이렇게 글로 남겼다.

> 자연의 풍경 속에서 우리 자신을 재발견하고 유쾌한 전율을 느낄 때가 있다. 그것은 가장 아름다운 분신分身 현상이다. 땅에서 그런 느낌을 받는 사람은 분명 행복할 것이다.[6]

자연과 나 자신의 경계가 사라지는 것을 경험하며 기쁨을 느낀 니체는 자신도 모르게 눈물을 흘렸다. 이를 정신질환 증상으로 보는 것은 무리가 있지 않을까.

아무것도 하지 않는 시간의 창조성

니체는 '산책이 바로 명상이다'라고 단적으로 표현하지는 않았지만, 명상하며 살아가는 삶이 중요하다는 사실을 분명히 밝히고 있다.

현대사회의 생활 속도는 두려울 만큼 점점 빨라지고 있다. 현대인들은 생각하는 시간도, 생각하는 데 필요한 정적도 잃어버렸다. 명상하는 삶이 점점 사라지고 있다. 본래 명상 생활을 하려면 여유로운 시간이 있어야 한다. 그 시간에 아무것도 하지 않는 것은 고귀한 일이다.[7]

여기서 '아무것도 하지 않는다'는 말은 세상일에 관여하지 않는다는 뜻이다. 니체에게 아무것도 하지 않는 시간은 곧 명상하는 시간이었다. 니체 연구자들은 그의 글에서 이러한 의미를 읽어내지 못한 것이 아닐까.

니체가 구체적으로 명상을 실천한 행위는 숲과 들을 산책하는 일이었다. 그는 산책하다가 불현듯 떠오른 생각을 작은 수첩이나 메모지에 적었다. 니체가 쓴 글에 격언이 많은 것은 바로 이 때문이다. 또한 니체는 대학에서도 서재에서도 세상에서도 떨어진 장소에서 산책 중에 불쑥 떠오른 발상이야말로 깊은 내면에서 생겨난 순수한 사상이라고 확신했다. 산책할 때의 명상이 니체를 니체답게 만든 것이다. 이 사고를 우리는 지금 '아포리즘'으로 읽고 있다.

그의 대표작인 『차라투스트라는 이렇게 말했다』의 핵심 사상도 역시 숲속의 산책에서 탄생했다. 1881년 8월 초순의 일이었다. 실바플라나 호수의 남동쪽 길을 빙 돌아 호수의 언저리로 빠져나가 2미터에 달하는 삼각형 바위를 본 순간, 그의 머릿속에는 '영원회귀'[8]라는 개념이 확고하게 자리 잡았다.

그날 실바플라나 호수를 따라 여러 숲을 걸었다. 슐레이 고개 가까이에 거대한 바위가 우뚝 피라미드 모양으로 솟아 있어 나는 그곳에서 멈춰 섰다. 그때 이 사상이 내게 찾아왔다.[9]

이 경험은 니체에게 강렬한 인상을 주었고, 훗날 그곳의 지명인 '실스마리아'에서 영감을 받아 동명의 시를 쓰기도 했다. 「실스마리아」의 마지막 두 행은 다음과 같다. "하나가 둘이 되었다. 그리고 차라투스트라가

내 곁을 지나갔다."

'하나가 둘이 되었다'의 의미는 무엇일까? 지금까지 혼자였는데 갑자기 두 사람이 되었다는 의미다. 또 다른 사람은 누구일까? 바로 차라투스트라다. 이는 허구도 환각도 아니다. 니체가 겪은 일을 묘사한 것이고, 깊은 명상 끝에 체험한 현상이다.

니체가 체험한 신기한 일을 다른 사상가, 예술가들도 똑같이 겪었다. 이에 관해서는 차차 설명하기로 하고, 일단 여기서는 니체의 삶에서 명상이 중요한 자리를 차지했다는 사실만 기억하자.

밤하늘을 보며 되찾는
나에 대한 감각

– 괴테

무의식중에 명상으로 빠져들다

니체는 독일 최고의 위인으로 작가 요한 볼프강 폰 괴테를 꼽았다. 니체에게 그는 '종합적인 인간', '완전한 인간', '자기 자신을 외경하는 사람'이었다. 둘은 공통점이 있었는데, 바로 명상하는 습관이었다. 괴테는 제자인 요한 페터 에커만과 나눈 대화록에 "나는 새벽이 오기 전에 일어나 변화하는 하늘을 바라보며 명상한다"라고 썼다.

수많은 저서 가운데『이탈리아 기행』에는 명상하는 괴테의 눈에 비친 광경이 묘사되어 있다. 한 대목을 소개한다.

이야기하기도, 글로 쓰기도 어려운 소재로는 보름달이 뜬 밤의 멋진 광경을 들 수 있다. 우리는 길거리를 빠져나와 광장을 가로질러 끝도 없이 이어진 키아이아 거리를, 그리고 바닷가를 거닐며 달밤의 아름다움을 즐겼다. 그럴 때면 공간이 촉발하는 무한한 감정이 사람의 마음을 압도한다.[10]

특별히 세심한 묘사가 있는 것은 아니지만, 이 문장을 읽은 우리의 눈에는 낯선 나폴리 해변가의 달밤이 선연히 떠오른다. 우리도 언젠가 보름달이 뜬 밤의 아름다운 순간을 경험했기 때문이다.

명상 같은 건 해본 적도 없다고 생각하는 사람도 그렇게 아름다운 밤하늘을 멍하니 주시했던 경험도 일종의 명상이라는 사실을 깨닫지 못했을 뿐이다. 실제로 우리는 이밖의 많은 순간에 종종 명상 상태에 있었을 것이다. 이때의 명상 상태란, 자신의 존재마저 잊고 그저 눈앞에 펼쳐진 광경에 빨려 들어간 상태를 말한다.

나폴리에 앞서 로마에 머무르던 괴테는 일기에 이렇게 썼다.

보름달 빛을 받으며 로마를 거니는 아름다움은 실제로 본 사람이 아니고서는 상상할 수 없다. 도시의 모든 것이 빛과 그림자와 커다란 덩어리에 삼켜지고, 가장 크고 가장 일반적인 형상만이 눈앞에 나타난다.[11]

그가 묘사한 달빛이 비치는 밤의 광경은 뒤에서 소개할 스즈키 다이세쓰가 깨달음을 얻을 때 보았던 풍경과 무척 비슷하다.

자연과 사람이 녹아들다

괴테는 「들장미」와 같은 유려한 시와 『파우스트』,
『젊은 베르테르의 슬픔』 등의 희곡과 소설 작품을 남긴
작가다. 또한 색채를 연구하는 자연과학자이자 바이마
르 공국의 젊은 재상으로 명성을 떨치기도 했다.

그는 자연에 민감했다. 밤낮을 가리지 않고 자연에
매료되었고, 그 안으로 녹아들었다.

겨울이라는 사실을 깨달을 수 없을 정도로 정원의 상
록수가 푸르다. 태양은 밝게 빛나며, 북쪽 저 멀리 산
등성이를 뒤덮은 눈이 보인다. 정원 벽을 따라 심어진
레몬 나무는 서서히 갈대로 뒤덮이고 있지만, 등자나
무는 아직 갈대에 덮이지 않은 채 서 있다.
이 나무에는 더없이 실한 열매가 수백 개 달려 있다.
독일에서처럼 잘 깎여 손질되거나 화분에 심어진 것이
아니라, 비옥한 땅에서 자유롭고 무성하게 우거져 여
러 나무와 사이좋게 어울려 있다. 이런 풍경을 바라보

는 것만큼 즐거운 일은 상상할 수 없다.[12]

로마의 정원과 나무들을 묘사한 글이다. 이 글에 생명의 기쁨, 아름다움, 풍요로움이 넘치는 까닭은 괴테가 정원의 나무들과 어우러져서 하나가 되었기 때문이다. 지금까지의 학자들은 괴테를 '통찰력 있는 사람'으로 평가했지만, 사실 '융화하는 사람'이라고 불러야 더 정확하지 않을까. 괴테는 친화력이 탁월했다. 실제로 『친화력』이라는 소설도 썼고, 자연과 사람 모두와 어우러지는 능력이 있었다. 평소에도 곧잘 명상 상태에 들어가 사물과 현상을 바라보고 녹아들 수 있었다.

'자신을 잊는다'는 점에서 괴테는 17세기 네덜란드의 철학자 스피노자에게 강하게 이끌렸다. 괴테는 그 사실을 이렇게 표현했다.

내가 특히 스피노자에게 매료된 까닭은 책의 한 구절 한 구절에서 자신을 잊고 몰입하는 모습이 끝없이 빛을 발하기 때문이다. (…) 그 어떤 일에도 자신을 잊고 몰입한다는 것, 사랑과 우정에도 자신을 잊을 정도로 몰두한다는 것, 그것은 나의 최고의 기쁨이자 내 삶의 격언이다.[13]

하지만 괴테가 항상 모든 일에 녹아들어 하나가 된 것은 아니다. 그는 때때로 그 어디에도 물들지 않고 고독(이 개념에 관해서는 2부에서 상세히 설명할 것이다)하게 있으려 했다. 고독 속에서 세상의 번잡함에 휘둘리지 않았다. 혼잡한 장소에 있을 때도 그 혼잡한 광경에서 자기 자신을 구해냈다. 명상을 통해 어떤 순간에도 휘둘리지 않는 마음의 평정심을 찾은 것이다.

헤아릴 수 없을 정도로 쉼 없이 움직이는 군중 속을 빠져나가는 일은 나에게 휴양이 된다. 모든 사람이 뒤섞여 흘러가지만 저마다 각자의 길과 목표를 찾아낸다. 이렇게 많은 사람이 분주하게 움직일 때, 나는 비로소 진정한 고요와 고독을 느낀다. 거리가 혼잡할수록 나의 마음은 점점 더 안정된다.[14]

길가의 꽃에서
시를 체험하다

– 릴케

고요한 마음으로 세상을 바라보다

시인 라이너 마리아 릴케는 19세에 첫 시집을 출간
한 이후 일정한 직업 없이 독일, 오스트리아, 이탈리아,
러시아 등 유럽 각지와 아프리카 곳곳을 여행하며 살
았다. 그는 친구와 지인의 도움을 받아 자유롭게 떠돌
면서 시, 수필, 소설을 썼다.

그는 사교성 있고 활달한 성격이 아니었다. 시인답

게 소박하고 고독한 모습으로 늘 평온하게 지냈다. 시의 소재를 찾기 위해 공원, 동물원, 식물원에서 인간과 동식물을 유심히 관찰했다. 시인 릴케의 '관찰'은 단순한 관찰이 아니라 일찍부터 '관조観照'[15]의 수준에 있었다. 릴케도 관조와 명상이라는 말을 사용했다. 관조란 고요한 마음으로 사물과 현상을 바라보는 상태로, 관조할 때는 무의식중에 깊은 명상 상태로 옮겨 가게 된다. 그는 명상 상태일 때 자신이 겪은 일을 에세이「체험」에서 다음과 같이 표현했다.

파도가 몰아치는 높은 언덕에 우뚝 선 성안의 정원에서 책 한 권을 들고 걷다가 관목의 벌어진 가지 사이에 몸을 기댔다. 그러자 풍요롭고 평온한 느낌이 찾아와 완전히 자연 속으로 녹아들었다. 책을 읽는 것도 잊어버리고, 거의 무의식이라고 할 수 있는 관조의 세계를 떠다녔다. (그것은 신기한 감각이었고, 나의 내면에 무슨 일이 일어났는지도 몰랐다. 내가 자연 세계의 뒷면으로 돌아 들어온 느낌이었다). 모든 대상이 한층 멀어지면서 동시에

한결 더 진실한 모습을 드러냈다.[16]

릴케는 이탈리아 카프리섬에 머물 때도 같은 체험을 했다. 그는 그 경험도 에세이에 남겼다. 발췌한 대목의 '그'는 릴케 자신을 가리킨다.

그곳에서는 야외에서 들려오는 새의 울음소리와 그의 내면에서 울리는 새의 울음소리가 하나가 되었다. 육체의 한계에 거의 방해받지 않고, 내면과 외부 세계가 하나로 이어진 공간을 실제로 나타낸 것이다.

릴케는 이 체험을 시로도 표현했다.

모든 사물의 내면에
단 하나의 공간이 펼쳐져 있다.
세계 내면 공간.
새들은 고요히
우리의 내면을 스쳐 날아간다.

오오! 나는 성장의 욕구를 느껴

밖을 바라다본다.

그러자 나의 내부에 나무가 자란다.[17]

세상의 경계가 사라지는 경험

자연 세계의 내면과 외부가 통하는 경험은 릴케가 아름다운 시를 쓰는 계기가 되었다. 그 아름다운 시 가운데 한 편이 「장미의 내부」다.

어디에, 이 내부에 대한

바깥은 어디에 있는가?

어떤 고통 위에 이 같은 아마포가 덮이는가?

이 근심 없이 활짝 핀 장미들의

내해內海에는 어떤 하늘이 비치는가.

보라, 얼마나 장미가 흐드러지게 피어

느슨히 풀어져 있는지를.

떨리는 손조차 이들이 흩어지지 않도록

장미는 자신을 가누지 못한다.

이 많은 꽃은 가득 차올라

내부의 세계에서

외부로 흘러넘친다.

외부는 점점 더 차올라 테두리를 치고

마침내 온 여름이 하나의 방,

꿈속의 방이 된다.[18]

릴케는 책을 읽으며 내부와 외부가 이어지는 것을 체험했다고 고백한다. 이는 「책 읽는 사람」이라는 시에 녹아 있다. 시의 일부는 다음과 같다.

지금 책에서 눈을 떼고 세상을 바라보니

어느 하나 미심쩍은 일 없이 모든 것이 위대하다.

나를 이 방 안에서 살게 하는 것이 방 밖에도 있다.

그리고 거기도 여기도 경계가 없다.[19]

평범한 사람이라면 이런 일은 시인이라는 특수한 감성을 지닌 사람이 느끼는 환상이나 환각이라고 생각할 것이다. 혹은 허구로 여길지도 모른다. 하지만 릴케는 1919년, 백작 부인 앞으로 보낸 편지에 카프리섬에서 겪은 신비로운 체험이 사실이었다고 전했다.

　제가 '체험'이라는 제목을 붙인 단편에 기록한 내용은 지금은 포격당해 파괴된 두이노(트리에스테 인근)의 정원에서 실제로 겪은 일입니다.[20]

　릴케는 저서 『말테의 수기』에서도 '시는 사실 체험이다'라고 강조했다.

　이런 체험은 보통 사람이 평소에 생활하면서 겪을 수 있는 것이 아니다. 시간을 허투루 보내지 않고 집중할 때, 어떤 계기로 지금까지의 세속적인 사고와 습성을 무의식중에 버렸을 때 만나는 체험이다. 이때는 본인이 자각하지 못하더라도 대개 관조 혹은 명상 상태에 놓인다. 그 상태에서 사람들은 세상의 밖과 안, 그리

고 삶과 죽음의 경계가 없는 장소로 돌연히 들어서게
된다.

명상으로 극복하는 죽음의 공포

릴케는 앞서 소개한 편지의 후반부에서 '세계 내면
공간'에 관해 쓰는 일이 자신의 과제라고 밝혔다.

그것은 삶의 가장 깊은 기쁨과 영광의 연장선에서 죽
음을 거부감 없이 친근하게 받아들이는 일입니다. (…)
사람들이 모든 생의 감춰진 동반자로서 죽음을 더욱
잘 이해하고 절실히 느낄 수 있도록 하는 일입니다.[21]

철학자 우에다 시즈테루는 릴케가 표현한 '세계 내
면 공간'이 선禪에서 말하는 '주객미분主客未分'의 경험이
며, 철학자 니시다 기타로가 『선의 연구』에서 쓴 '순수
경험'이라고 말한다.[22] 주객미분이라는 용어는 선에서

자주 사용하는 표현으로 의미를 이해하기 어렵지 않다. 쉽게 말해서 주관과 객관이 구별되지 않는 수평 상태를 가리킨다.

가령 이 상태에서 훨훨 날고 있는 나비를 본다면, 거리도 경계도 사라져 자신이 나비인 것처럼 생각된다. 이미 보는 측과 보이는 측이 나뉘어 있지 않다.[23]

이러한 상황에서는 구름의 그림자도 인간도 모두 뒤섞일 뿐만 아니라, 사고하는 주체가 누구인지조차 알수 없다. 릴케의 다음 시문이 그 상태를 표현한다.

구름의 그림자가
그의 내면을 빠져나가는 것은 마치 공간이
그를 대신해 천천히 생각에 잠겨 있는 듯하다.[24]

니시다 기타로의 표현에 따르면, 이것은 '순수 경험'이다. 보는 측과 보이는 측의 경계가 처음부터 존재하지 않기 때문이다. 갓난아기가 세상을 바라볼 때의 순수한 경험과도 같다. 아기에게는 엄마의 젖과 자기 자신의 구별이 없다.

릴케가 종종 경험하던 '세계 내면 공간'과 선에서 말하는 '주객미분' 혹은 '순수 경험'은 서로 표현은 다르지만 내용은 거의 같으며, 모두 깊은 명상 상태에서 체험할 수 있다. 이 세계에서 죽음은 생의 마감이 아니고, 멸망도 아니며, 영원한 이별도 아니다. 죽음도 삶과 마찬가지로 언제나 그곳에 존재한다.

명상 세계를 자주 접하며 살아가는 사람들은 죽음이 더 이상 두렵지 않다. 두렵기는커녕 반갑기까지 하고, 혹은 기쁘게 가슴으로 받아들이고 싶은 일이다.

죽음과의 밀회

릴케의 특별한 감각에 관해 이야기할 때면, 전쟁터에서 죽음을 기쁘게 맞이하는 심정을 시로 탄생시킨 시

인 앨런 시거가 떠오른다. 아름다운 후렴이 돋보이는
「죽음과 만나기로 했다 I have a Rendezvous with Death」를 함께
읽어보자.

나는 죽음과 만나기로 했다.

치열한 바리케이드 공방전 속에서.

살랑거리는 나뭇잎 그림자를 안고

봄이 찾아와 사과꽃이 만발할 때.

나는 죽음과 만날 것이다.

봄이 다시 푸른 하늘을 데리고 돌아올 때.

죽음은 나의 손을 이끌어 어두운 나라로 인도하고

나의 눈꺼풀을 내려

가만히 숨을 거둬 가겠지.

나는 그런 죽음과 만나기로 했다.

총알을 맞아 움푹움푹 무너진

상처투성이 언덕 비탈에서

올해도 다시 봄이 찾아오고

들꽃이 피어나기 시작할 때.

차라리 향기로운 비단 베개에 파묻혀

잠드는 게 좋을까.

사랑에 가슴 설레며 더없이 행복한 잠 속으로

빠져드는 것이 좋을까.

하지만 역시, 나는 죽음과 만날 것이다.

총화를 뒤집어쓰고 눈부신 불길이

타오르는 심야의 마을에서.

봄이 이 북녘땅을 다시 찾을 때,

꼭 만나기로 죽음과 굳게 약속했으니까.[25]

미국에서 태어난 시거는 하버드대학교를 졸업한 뒤 프랑스로 건너가서 시를 썼는데, 제1차 세계대전이 발발하자 1914년에 프랑스 외인부대에 자원입대했다. 전쟁이 심화될수록, 수많은 젊은이가 전장에서 목숨을 잃었다. 시거는 전장의 참혹함을 생생히 목격하며 죽음이란 주제에 천착했다. 「죽음과 만나기로 했다」는 그 생각이 절정에 달한 작품으로 유명하다.

그는 전투가 시작된 지 일 년 반 만에 프랑스 북부의

작은 마을 벨루앙상트르에서 독일군을 상대로 참호전을 벌이다 총탄에 맞아 28세의 나이로 요절했다.

시의 원문에서는 죽음과의 만남을 '랑데부Rendezvous'로 표현했다. 프랑스어 '랑데부'는 보편적으로 '연인과의 약속' 또는 '밀회'를 뜻한다. 한마디로 가슴 설레는 만남을 약속하는 것이 랑데부다.

시거에게는 전장에서 맞이할 죽음이 연인과도 같은 매혹적인 존재였다는 것을 이 시의 분위기에서 고스란히 엿볼 수 있다.

2장

나의 영혼을
되찾는 시간

명상이 우리에게 주는 것들

사회의 속박에서
자유로워진다

- 프롬

명상으로 되찾은 인간성

독일의 사회심리학자 에리히 프롬은 나치가 정권을 장악하자 스위스를 거쳐 미국으로 망명했다. 그 후 프롬은 주로 멕시코와 미국의 대학에서 교수로 지내며 연구에 전념했다.

프롬은 서재와 강의실만을 오간 학자가 아니었다. 수많은 인생 경험을 거치며 자유와 사랑에 관한 인간학을 만들어냈다. 그는 이론만 내세우는 것이 아니라 몸소 실천했고, 현대사회에서 인간성을 되찾기 위해서는 무엇보다 명상이 필요하다고 강조했다.

프롬은 왜 새삼스레 명상을 통한 인간성의 회복을 강조했을까. 그의 논지를 요약하면 다음과 같다.

현대인은 모든 일을 '처리'하는 데 쫓기며 하루하루를 소비한다. 현대사회가 생산과 소비 시스템의 효율적인 구조와 속도만을 좇기 때문이다.

현대사회는 생산과 소비를 촉진하기 위해 끊임없이 신제품을 만들고 헤아릴 수 없이 많은 광고를 내보내 구매 욕구를 부추긴다. 우리는 그 상황을 당연하게 받아들이고 끝없이 물건을 사들인다. 인간의 생활은 과열된 사회 시스템에 완전히 익숙해져 다음과 같이 변화한다.

• 개개인이 아무런 자각 없이 사회 시스템의 도구로 전락하고 만다. 일할 때도 오직 결과와 대가를 얻는

데만 매달린다.

- 한 권의 책을 찬찬히 읽고 사상을 이해하는 걸 번거로워한다. 요약된 얄팍한 책자를 훑어보고, 원래 책이 말하고자 하는 사상을 전부 이해했다고 여긴다.

- 인간에 대해서도 마찬가지다. 상대의 직함이나 소속만으로 상대를 다 안다고 여기고 상대가 정말로 어떤 사람인지 알려고 하지 않는다. 그러다 보니 타인에게 진정으로 공감하지 못한다.

- 모든 일에 지나치게 민감하게 반응한다. 마음을 놓을 짬도 없고 느긋하게 자신만의 시간에 젖어 들지도 못한다. 평온하게 지내는 시간이 매우 적다.

- 어떤 일에도 집중하지 못한다. 하지만 아무것도 하지 않으면 견딜 수 없는 무료함이 자아를 덮친다.

- 평정한 상태로 집중하지 못한다. 이렇게 인간성을 잃고 나아가 인생을 잃게 된다.

- 이런 상황을 피하기 위해서 명상으로 집중력을 길러야 한다. 집중력이 강해지면 '각성'할 수 있기 때문이다.[26]

여기서 한 가지 알아두어야 할 점이 있다. 프롬이 말한 '각성'은 현대에 횡행하는 영적 사기꾼들이 자주 내세우는 각성의 의미가 아니라는 사실이다.

당신의 영혼은 얼마나 투명한가?

프롬은 전통적인 유대교 집안에서 성장했으나 아이러니하게도 불교적 명상을 권장한다. 그가 권장한 명상법은 좌선을 중심으로 한다. 프롬은 1957년에 멕시코의 자택에서 불교학자 스즈키 다이세쓰를 만나 공동 세미나를 개최했다. 그때 강연한 내용을 정리해 『선과 정신분석』이라는 저서를 출간했다.

프롬이 명상을 권한 까닭은 지금처럼 마음이 분산된 채로 살아가지 말고, 어떤 일에도 오롯이 마음을 전념할 수 있는 집중력을 가짐으로써 본래의 자신을 되찾게 하기 위함이다. 그렇게 자신을 되찾으면 이후의 경험이 투명해진다.

'투명해진다'는 것은 그 무엇도 섞이지 않고 명료하게 하나가 된다는 뜻이다. 가령 보통 사람이 평소에 하는 일은 탁한 상태에 있는데, 지금 자신이 하는 일에 몰두하지 못하고 쓸데없는 생각으로 머릿속이 흐려져 있기 때문이다.

  현대인은 시간을 헛되이 흘려보내기 일쑤다. 업무가 끝난 후에 뭘 할지 정신이 쏠려 있거나 뉴스를 보거나 음악을 들으면서 적당히 작업하고, 똑같이 반복되는 일상 업무만을 되는대로 한다. 이렇게 마음이 흩어진 채로 불완전한 기계처럼 행동하고 있다.

  가톨릭 신부인 앤서니 드 멜로는 '경험이 투명해질 정도로 집중'하는 일을 강조한다. 그는 식기 닦는 방법을 사례로 들어 이야기한다.

  식기를 닦는 데는 두 가지 방법이 있다. 하나는 식기를 깨끗하게 할 목적으로 닦는 방법이고, 다른 하나는 닦는 행위 자체를 목적으로 닦는 방법이다. (…)
  첫 번째 방법은 죽어 있다. 몸이 식기를 닦는 동안 마음은 깨끗이 하려는 목적에 얽매여 있기 때문이다. 하지만 두 번째 방법은 살아 있다. 마음과 몸이 공통된 하나의 목표를 향해 있기 때문이다.[27]

이러한 삶의 자세가 명상이 이끌어낸 집중력의 일부분이다. 투명하게 산다는 것은 이처럼 명상이 이끌어낸 집중력으로 인생을 경험하는 것이다.

요령 있는 삶과 자유로운 삶

투명하게 살아가는 삶은 현실적으로 결코 요령 있게 살아가는 방식이 아니다. 즉 처세술이 뛰어난 삶이 아니라는 것이다. 처세술이 뛰어난 삶이란, 가능한 한 노력은 적게 하고 많은 이익을 얻으며 세상을 살아가는 삶이다. 그러면 사회적 지위도 높아지기 마련이고 수입도 꾸준히 늘어나 자존심과 인정 욕구를 상당히 만족시킬 수 있다.

이처럼 처세술이 뛰어나다는 것은 이 세상의 규칙을 잘 인지하고, 그 범위 안에서 규칙을 이용해 약삭빠르게 처신해서 최대한 자신에게 이로운 결과가 돌아오게 하는 것이다. 처세술이 뛰어난 사람은 편리성과 효율성을 가장 먼저 추구하고 사용하기 쉽고 즉효성이 있는 간단한 방법을 선호한다. 숙련된 기술이나 신중한 사고에 가치를 두지 않고, 깊이 있는 방법은 절대로 선호하지 않는다. 이익이 없으면 가치가 없다고 판단하기에, 결과적으로 돈에 속박된 삶을 살게 된다.

반대로 투명하게 살아가는 삶은 요령 좋게 세상을 살아가는 사람이 등한시하는 요소와 방법을 진정한 가치로 여긴다. 그렇게 함으로써 비로소 인간은 세상과 자신을 긍정하고 본래부터 갖추고 있던 자신의 능력을 발휘할 수 있기 때문이다. 이는 속박된 상태에서 자신을 해방해 진정한 자유로 이끄는 일이다.

프롬은 『존재의 기술』에서 '마인드풀니스mindfullness'라는 용어를 사용했다. (국내에는 '마음챙김'이라는 번역어로 두루 알려졌다 - 옮긴이) 마인드풀니스는 산스크리트어를 영어로 충실하게 번역한 단어인데, '집중' 또는 '선정^{禪} $_{定}$'(한마음으로 사물을 생각해 마음이 하나의 경지에 머물러 흐트러짐이 없는 상태 - 옮긴이)을 의미한다. 비즈니스 업계에서 일의 효율을 높이기 위한 목적으로 유행하고 있는 '마인드풀니스' 개념과는 다르다.

사랑하려면 명상하라

프롬은 사람을 진정으로 사랑하기 위해서도 명상이 필요하다고 강조한다. 인상적인 통찰이다. 명상 없는 상태에서 이루어지는 사랑은 사람들의 생각과 달리 자유롭지 않고, 때때로 망상에 지나지 않기 때문이다.

자신의 망상을 사랑이라고 착각하는 전형적인 예가 스토커다. 또 어떤 사람은 유행하는 노래나 드라마에서 그리는 애증을 사랑이라고 믿는다. 사랑과 섹스가 하나라고 믿는 사람도 있다. 이렇듯 대부분 사랑에 대한 자기만의 정의를 가지고 있다.

프롬은 사랑을 이렇게 설명했다.

사랑은 행동이자 인간적인 힘의 실천이므로 자유로워
야 실천할 수 있다.[28]

이 문장에서 말하는 '인간적인 힘'과 '자유'는 명상
을 통해 찾을 수 있다. 명상하지 않고 평범하게 이 사회
에 물들어 살아가는 사람의 사랑은 자유로울 수 없다.
"타인에 대한 사랑은 직접적으로는 가족관계에 근거하
지만, 결국은 그 사람이 살아가는 사회 구조에 따라 결
정"[29]되기 때문이다.

세상의 풍조에 휩쓸리는 사랑에서 벗어나 본연의 사
랑을 자신의 것으로 승화하려면 명상이 필요하다. 물론
이 명상은 혼자서 할 수 있다.

사랑하려면 우선 혼자가 되어야 한다. 홀로 명상하여
잠들어 있는 영혼을 자신의 내면에서 발견해야 한다.
이렇게 자신에게 집중할 때, 비로소 온몸으로 '지금 여
기' 현재의 순간을 조건 없이 사랑하고 온전히 살아갈

수 있다. 그런 뒤에야 드디어 다른 사람을 사랑할 수 있다. 이처럼 아무런 대가를 바라지 않고 행동할 때, 우리는 진짜 사랑을 할 수 있다.

사람들은 보통 특정한 이유, 조건, 대가가 보장되어야 타인을 사랑한다. 그런 행위는 사랑이 아니라 거래일 뿐이다. 진정한 사랑에는 거래가 들어서지 못한다. 자신이 사랑하는 상대에게 아무런 보답을 받지 못한다 해도, 더 깊이 사랑할 수 있는 사람이 되어야 한다. 그렇지 않고서는 결코 사랑할 수 없다.

관계의 기쁨을
찾는다

— 부버

시간이 없어지는 감각

마르틴 부버는 세계적으로 잘 알려진 독일의 종교철학자다. 부버는 소년 시절부터 36세의 어느 날까지 수시로 '종교적 체험'을 했고, 저서 『나와 너』에 그 체험에 대해서 썼다. 예를 들어, 그는 이런 경험을 했다.

시간이 문득, 일의 진행 방향 밖으로 이끌려 나갔다.[30]

이는 깊은 명상에 빠졌을 때 일어나는 현상으로, 시간이 없어진 느낌을 표현한 문장이다. 이러한 느낌은 영원, 시간의 정지, 공간 체험 등으로 사람마다 다르게 표현된다. 부버는 이러한 체험을 "뭔가 흔하고 예사로운 일이 가령, 어떤 익숙한 사물을 바라보는 동안에 시작되기도 했다"라고 기록했다.

이는 선종 승려가 벽이나 촛불 등 한 점을 바라보며 좌선하다 겪는 경험과도 비슷하다. 부버는 이때 일어나는 현상을 "일상생활이라는 단단한 껍데기에 구멍이 뚫리는" 것 같다고 표현한다.

또한 '시간이 조각조각으로 쪼개져' 자신의 내면에 '하나의 이쪽과 또 하나의 저쪽이 감싸 안기는' 듯했다고 설명한다. '신비의 문'이 열리는 이 체험이 시작되면 '망아忘我(자신을 잊음 – 옮긴이)', '광명', '도취'가 일어난다. 이는 현실로부터의 '이탈', '탈출'이자 '탈아脫我'이기도 하다. 이때 종교적인 환희도 느낄 수 있다.

질문을 받으면 대답해야 한다

부버는 어느 날 이러한 종교 체험과 이별하게 된다. 개인적인 종교 체험에만 갇혀서 자기만족에 머물러서는 안 된다고, 현실의 삶을 소중히 해야 한다고 절실히 느꼈기 때문이다. 인생의 결단을 앞두고 부버를 찾아온 한 청년과의 일이 그를 변화시켰다.

1914년, 부버가 36세 때의 일이다. 어떤 청년이 부버를 찾아와 면담을 청했고, 얼마 후 청년은 제1차 세계대전 중에 죽음을 맞이했다. 부버는 그 청년의 친구에게 청년이 생사의 결단을 내리기 위해 자신을 찾아왔다는 것을 전해 들었다.

돌이켜 보니 청년이 찾아왔을 때 부버는 아침의 종교 체험에서 현실로 막 돌아왔을 때여서 멍한 상태였다. 청년이 대화 중에 부버에게 던진 질문의 깊은 의미를 헤아리지 못한 것을 부버는 깊이 후회했다.

이 사건 이후 나는 예외, 이탈, 출타, 망아와 다름없는 그 '종교적인 일'을 단념했다.

부버는 그 청년과의 일을 겪고 나서 특별한 종교 체험으로 자신만 만족해서는 안 된다는 것을 뼈아프게 깨달았다. "질문을 받으면 대답해야 한다. 누군가 자신을 부르면 그에 응해야 한다. 이 일상적인 생활을 소홀히 해서는 안 된다."

이렇게 생각하고 쓴 책이 바로 그의 대표작 『나와 너』다.

인간성을 잃은 현대사회

오스트리아의 수도 빈에서 태어난 부버는 세 살 때 부모가 이혼하면서 친조부모 손에서 자랐다. 그리고 유대교 학자였던 할아버지의 영향으로 하시디즘 Hasidism(마음속 깊이 신의 존재를 인식하자는 정신운동)[31]을 경험했다.

하지만 성인이 되고 나서는 유대교 사회의 관습에 얽매이지 않고 자유롭게 칸트, 키르케고르, 니체 등의 철학을 접했으며, 빈과 베를린의 대학에서 공부했다. 유대교 정통파에 소속된 이들에게는 아나키스트라 비난받기도 했다. 기관 잡지의 편집자로 몇 년 일하고 나서 독일 프랑크푸르트대학교로 이직해 종교윤리학을 가르쳤으나 나치에 의해 추방되었고, 예루살렘의 히브리대학교에서 사회철학을 강의했다.

부버의 명작 『나와 너』는 현실 세계에서 잃어버리기 쉬운 인간성을 회복시켜야 한다는 주제를 담고 있다. 그 유명한 첫머리는 다음과 같다.

세계는 사람이 취하는 이중적인 태도에 따라서 사람에게 이중적이다.[32]

세계는 인간이 어떤 태도를 취하느냐에 따라 두 가지 모습이 된다. 하나는 '나와 너'로 관계하는 태도를 취하는 것이다. 이때 마주한 두 사람은 상대방을 용서

하고 사이좋게 소통할 수 있다. 이는 마음을 열고 진실로 서로를 대할 때 이루어지는 관계다. 예를 들어, 어린 아이는 자신을 안아주는 어머니와 '나와 너'의 관계를 형성한다.

또 다른 하나는 '나와 그것'으로 관계하는 태도다. 여기서 '그것'이란 물건이나 일, 또는 상황을 뜻한다. 상대가 사람인데도 물건인 양 취급하는 것이다. 상대의 조건이나 속성을 자기 이익을 위해서만 이용하는 태도다. 상대를 단지 장사 도구와 같은 존재로 간주할 때 '나와 그것'이라는 냉담한 관계가 성립된다. '나와 그것'의 세계에서는 모든 일이 '조작', '처리'에 지나지 않는다.

현대와 같이 자본이 우선되는 사회에서는 이익 추구를 내세우는 '나와 그것'의 관계가 압도적으로 증가한다. 우리는 본연의 인간성을 쉽게 잃어가고, 돈과 도구로 좌지우지하는 힘에 의해 세상은 사랑 없는 어둡고 좁은 공간이 되는 것이다.

1914년에 한 청년이 찾아왔을 때, 부버는 자신도 모르게 상대를 '그것', 즉 잡다한 용건의 하나로 응대했다. 청년이 머뭇거리며 찾아와 '나와 너'의 관계를 원했는데도 말이다.

어떤 태도로 살아갈 것인가

태도에 따라 세상이 둘 중 하나가 된다는 것을 확실하게 드러내는 오래된 일화가 있는데, 바로 신약성서다. 신약성서에서 자주 소개되는 '선한 사마리아인'의 이야기를 살펴보자.

예루살렘의 산에서 예리코의 마을로 내려오는 긴 언덕 길가에 유대인 나그네가 쓰러져 있었다. 그는 강도를 만나 옷이며 짐을 모두 빼앗기고 다 죽어가는 상태였다. 먼저 유대교 사제가 지나가다 빈사 상태인 나그네를 발견했지만, 아무것도 보지 못한 척하며 길 반대편으로 재빨리 가버렸다.

다음으로 다가온 이는 대대로 하급 제사장을 계승하는

레비인이었다. 그 역시 급히 눈길을 돌리며 발걸음을 서둘러 지나가 버렸다.

세 번째로 지나간 사람은 당나귀를 탄 사마리아인이었다. 그는 당장이라도 죽을 듯한 나그네에게 응급 처치를 해주고, 당나귀에 태워 숙소까지 데리고 가 자기 돈을 써서 나그네가 회복될 때까지 돌봐주었다.[33]

당시 사마리아인은 유대인에게 배척받던 이방인이었다. 그러나 이 이야기는 단지 편견을 없애자거나 선행을 권하는 일화가 아니다. 이 사마리아인이 나그네의 아픔을 통감하거나 유달리 배려심이 있는 것이 아니다. 두 사람의 종교 관계자는 쓰러진 나그네를 못 본 척하며 죽어가는 나그네와 '나와 그것'의 관계를 맺었다. 반면에 사마리아인은 그와 '나와 너'의 관계를 이루었다. 이 사마리아인만이 낯선 사람과 거리낌 없이 '나와 너'의 관계를 형성하는 태도로 살아갔다.

부버가 말하는 '나와 너'의 관계를 아주 간단히 설명하면, 아무런 조건이나 이해타산 없이 상대를 속이거나 숨기는 일 없이 사람 대 사람으로, 사랑으로 충만한 관계가 되는 것이다. 흔히 말하는 일반적인 연애 관계도 모두 '나와 너'의 관계인 것은 아니다. 자연스럽게 '나와 너'의 관계가 되는 연애도 있지만, 개중에는 교활하고 잇속을 탐하는 거래 관계의 연애도 허다하다.

'나와 너'의 관계는 지극히 개인적이고 사소하며 보잘것없는 관계로 보일 수 있다. 그렇지만 주변과 이렇듯 깊은 관계를 구축하지 못하면, 세상 어디에서도 있는 그대로의 자신으로, 느긋하고 평온하게 머물 장소를 찾지 못한다.

장소와 환경은 그리 중요하지 않다. 제아무리 수준 높은 교양과 고고한 학력을 갖추고 유능한 재능과 풍족한 자산이 있다 해도 이러한 조건들은 '나와 너'의 관계를 맺는 데 결코 유리하게 작용하지 않는다. '나와 너'의 관계를 형성하는 것은 오로지 그때 자신이 취하는 태도와 마음뿐이다.

또한 '나와 너'라는 밀접한 관계에서 수준이나 입장에 위아래가 있는 것도 아니다. 현실과는 동떨어진 장소에 있는 것도 아니다. 오히려 두 사람 모두 같은 강에 들어가 있는 상태다. 그 관계에서 나는 나인 동시에 너이며, 너는 너인 동시에 나다.[34] 수학 기호로 나타내면 '나≒너'의 상태라고 할 수 있다. 두 사람은 서로 영향을 미친다.

상대가 '물건'으로 전락할 때

만약 우리가 '나와 너'의 관계를 구체적으로 분석하고 해부해 정형화하면 어떻게 될까? 예를 들어, 사람 간의 교류를 심리학이나 사회학에서 사용하는 세속적인 방법론으로 설명하면 '반드시 성공하는 인간 관계술' 같은 개념이 나올 것이다.

'나와 너'의 관계인 자연과의 교류를 물리학적인 방법으로 분석하면, 갑자기 불어온 바람에 살랑이는 풀꽃의 소리를 듣는 경험도 더 이상 하지 못할 것이다. 지금까지 '나와 너'의 관계로서 신과 말 없는 대화를 나누며 평온을 찾던 사람이, 신의 특성을 철학적으로 분석한다면 두 번 다시 '나와 너'의 상대로서의 신을 만나지 못할 것이다.

이런 행위는 관계를 구체화하는 것이 아니라, 오히려 추상화하는 일이다. 추상화는 그때까지 '나와 너'의 관계였던 것을 한순간에 '나와 그것'에 불과한 관계로 전락시킨다. 나와 그것의 관계에는 생기도 기쁨도 없다. 그저 이익을 얻기 위해 요령만을 추구하는 음울한 세계에서 '너'는 질식한 듯이 놓인 수많은 물건 중 하나로 변질될 것이다.

현대인은 높은 효율성과 쾌적함을 손에 넣고자 인생의 기술을 정형화하는 습성이 있다. 그러다 보니 연애와 결혼의 기술이나 비결을 알려주는 책과 매체까지 등장한다. 인생 계획을 지도하는 사람이 있는가 하면, 우주의 신과 소통하는 의식 절차를 알려주는 사람도 있다. 그렇게 정형화된 틀에 맞춰 사는 삶은 프롬이 혐오하는 '처리의 세계'나 마찬가지다. 처리에는 사람 간의 건강한 관계가 결여되어 있다.

자신을 소외시키는 현대인

부버는 자연과 '나와 너'의 관계를 맺은 대표적인 인물로 괴테를 꼽았다. 또한 신과 '나와 너'의 관계를 맺은 대표적인 인물로는 예수를 들었다. 그러나 역사적 인물 중에서도 나폴레옹은 '나와 너'의 관계가 결핍된 삶을 살았다. 나폴레옹은 사람도 물건도 유용성이라는 가치 기준으로 판단했고, 심지어 자신마저도 '그것'으로 다루었다.

나폴레옹은 자신을 소외시켰다. 오늘날 자본주의 사회에서는 나폴레옹과 같은 사람이 점점 더 늘어나고 있다. 이익 증대를 삶의 주요 목적으로 두고 살아가느라 사물이나 사람을 대할 때도 그 이용 가치에만 중점을 둔다.

현대에 이르러서는 가짜 '나와 너'의 관계가 구축된 경우가 많다. 가상의 '너'를 상대하는 사람이 늘고 있는 것이다. 많은 '오타쿠'가 상대하는 가상의 '너'는 아이돌, AI 로봇, 컬렉션 상품, 온라인 게임 캐릭터 등이다.

이에 관해 부버는 다음과 같이 신랄하게 비판했다.

사람에게는 자신의 내면에 처음부터 존재하는 '너'가 있다. 그 상대를 이 세계에 현실화시켜야 한다. 그렇게 하지 못하면 내면을 잠식해 자신을 '너'라는 상대로 만든다. 이 상태가 되면 이미 관계라고 부를 수 없다. 단지 허망으로 도망치는 형국이며, 그 도피처는 인생의 변방일 뿐이다.

그렇다면 '나와 너'의 올바른 관계를 구축하기 위한 구체적 방법은 무엇일까. 부버는 그런 방법은 없다고 단호하게 말한다. 또 어디선가 '너'가 기다려줄 리도 없다. 하지만 '너'는 언제나 그곳에 존재한다. 태도 하나로 '너'의 모습을 볼 수 있기 때문이다.

그 태도란 현재의 모습을 완전히 수용하는 일이다. 자신은 이렇고, 인간은 이러이러해야 한다는 편견에서 벗어나 꾸밈이나 거짓 없이 명백하게, 아기처럼 순수하고 아무 사념 없이, 모든 가치관을 버리고 현재의 모습을 마주할 때 눈앞에 '너'의 모습이 보일 것이다. 이러한 태도는 선에서 말하는 '진인^{眞人}'(깨달음을 얻는 사람) 또는 '지인^{至人}'(큰 덕을 갖춘 사람)의 태도와 같다.

물건과도 '나와 너'의 관계가 될 수 있다

부버는 물건과도 '나와 그것'이 아닌 '나와 너'의 관계가 될 수 있다고 강조한다. 예를 들면, 성서는 책이 아니다. 성서는 '너'가 말하는 목소리다. 너에게 나 역시 이야기할 수 있다는 뜻이다.

유대인 철학자 프란츠 로젠츠바이크와 함께 구약성서를 번역한 부버는 성서에 관해 이렇게 언급했다.

우리가 다루는 것은 단지 한 권의 책일까? 우리가 원하는 것은 목소리다.[35]

이러한 감성을 지닌 부버는 36세에 일련의 사건을

겪고 난 뒤 소위 '종교 체험'에서 멀어졌다고 밝혔지만, 실은 명상 상태에서 겪은 내밀한 '나와 너'의 체험을 개인적인 틀을 넘어서 폭넓게 확장했다.

그는 일상생활에서 모든 사람과 '나와 너'의 관계를 맺고 싶어 했다. 부버의 그런 태도와 관련해 어떤 이는 다음과 같은 이야기를 전했다.

부버는 16세의 우리를 같은 나이의 친구처럼 맞아주었고, 두 시간 남짓 서재와 정원에서 진지하게 대화를 나눴다. 부버는 우리가 던진 질문에, 틀림없이 시시할 법한 아이들의 궁금증에도 인내심 있고 친절하게 답해주었다. 마치 그러한 질문을 처음 받기라도 한 듯이…….[36]

찌든 마음을
씻어낸다

― 다이세쓰

인격을 갈고닦는 삶

일본의 사상가 스즈키 다이세쓰는 일생의 절반을 외국에서 지내면서 선과 깨달음을 전파하는 데 일생을 바쳤다. 그가 그렇게 살지 않았다면 '선禪'이 지금처럼 널리 알려지지 못했을 것이다.

선과 깨달음을 누군가에게 알리고 명확하게 이해시키기는 애초에 불가능하다. 다이세쓰는 '냉난자지冷暖自

知'를 강조했는데, '차가운지 따뜻한지는 직접 마셔봐야 알 수 있다'는 의미다.

타인이 선에 대해 아무리 친절하게 설명해도 선을 경험해보지 않은 사람은 그 진가를 이해하기 어렵다. 누구든 직접 겪지 않고는 알 수 없다는 뜻이다. 다이세쓰는 수많은 강연에서 선의 중심에 자리한 진리를 외국어로나마 설명하고자 애썼다.

선을 수행한다고 하면 많은 사람이 종교적인 수행만을 떠올리는 경향이 있다. 하지만 종교적인 수행이라고 말하는 순간, 선은 자신과 멀리 떨어져 있는 다른 세계, 혹은 일부 사찰에서 실천하는 수련으로 범위가 한정된다. 실제 생활과 거의 관계가 없는 대상으로 바뀌는 것이다.

그러다 보니 동양인도 선에 친숙하지 않은 외국인과 마찬가지로, 선에 대해 잘 알지 못할뿐더러 불교 색채가 짙고 복잡하며 난해하다는 선입견 안에서 선의 이미지를 떠올린다.

다이세쓰는 이러한 인식을 한마디로 타파하고 선을

신선한 이념으로 정립했다. 그는 선을 '세련되게 살아가는 삶'[37]이라고 했다. '세련洗練'이란 마음을 깨끗하게 하고 인격을 갈고닦는다는 뜻이다. 더러움을 없애고 순수해지는 일이다. 삶의 더러움이란 무엇일까. 바로 이 세상에 달라붙은 것들이다.

세상의 더러움을 없애는 일

기본 상식, 학교에서 배운 지식, 사회에서 익힌 다양한 지혜, 삶과 죽음에 관한 생각, 가치관, 도덕과 윤리, 규범과 법률, 인간관계, 감정 등 이 세상을 살아가기 위해 편리하게 사용하는 사유의 기술 대부분이 더러움이다. 더러움은 인간에게 무거운 짐인 동시에 고뇌의 씨앗이다.

스즈키 다이세쓰는 그 이유를 다음과 같이 설명했다.

우리가 비참한 생각을 하거나 속박을 느껴 신음할 수

밖에 없는 까닭은 대개 그러한 감정이 누적되기 때문이다. 움직이려 할 때마다 세상의 더러움이 우리를 구속하고 억눌러 정신적 시야에 두꺼운 베일을 드리운다. 우리는 늘 구속된 채 살아가는 것처럼 느낀다.[38]

앞 장에서 프롬을 통해 '투명함'과 그 정반대에 있는 '탁함'에 대해 설명했는데, 그 '탁함'이 바로 더러움이다. 더러움을 살며시 떼어 내는 일이 선의 첫걸음이다.

그저 예법대로 좌선하고 일상생활을 유지하기 위해 잡다한 일을 하며 규칙적으로 생활하는 것이 곧 깨달음으로 가는 길이고, 그렇게 살다 보면 언젠가 깨달음에 도달할 거라고 생각하는가? 그렇다면 큰 오산이다.

이런 식이라면 수행은 세상에 무수하게 널린 정형화된 지침에 지나지 않고, 길거리에서 흔히 볼 수 있는 자동판매기 수준으로 전락하고 만다. 그런 세속적인 사고를 모조리 떨쳐버리는 일이 진정한 '세련'이다.

좌선은 가장 실천하기 쉬운 자기 세련의 방법이다. 명상의 목적은 생각하지 않는 것, 특히 세속적인 사고관과 상상에서 벗어나는 데 있다. 따라서 좌선하면서 머릿속에 온갖 잡념을 떠올린다면 단지 쉬면서 몽상하거나 잠든 것과 같은 상태가 된다.

고도의 수행 방법 가운데 '공안公案'(수행자가 깨달음을 얻기 위해 해결해야 할 과제 - 옮긴이)이 있다. 대개 공안은 분별 있는 사람이 보기에는 실로 기묘한 '하나의 물음' 형태를 취한다.

수행자는 시간을 들여 공안의 답을 생각한다. 제삼자가 보면 어리석은 시간 낭비로 보일 수 있다. 하지만 답을 생각하는 동안에 자신이 지금까지 고수한 세속적인 상식과 가치관이 흔들리고, 차츰 금이 가다가 마침내 저절로 툭툭 떨어져 나간다. 세속의 더러운 때가 벗겨지므로 공안의 답을 골몰히 생각하는 과정 또한 자기 수련이다.

이렇듯 선은 속박과 심리적 알력에서 인간을 해방한다. 그러므로 선은 '구원'이다.

평소처럼 행동해도 깨달음을 얻을 수 있다

본가의 파산으로 어렵게 공부한 스즈키는 21세 때부터 가마쿠라에 있는 절 엔가쿠지에서 좌선했다. 당시 그는 도쿄 분교쿠 가가(현재 이시카와현 남부 지방의 옛 명칭 - 옮긴이) 지역 출신자를 위한 학생 기숙사에서 지냈는데, 좌선하러 가마쿠라에 갈 때면 친구인 아타카 야키치(훗날 아타카산업의 창업자)와 밤 8시부터 걷기 시작해 다음 날 아침에 기숙사에 도착하곤 했다.

당시 고등사범학교 영어교사였던 27세의 나쓰메 소세키도 참선하기 위해 엔가쿠지에 머물렀다. 스즈키는 자신이 쓴 영어 문장을 그에게 점검받기도 했지만 두 사람 사이에 특별한 친분이 싹트지는 않았다.

스즈키는 도쿄제국대학 문과대학을 중퇴한 이듬해인 26세에 깨달음을 얻었다. 훗날 그때를 회상하며 편지에 이렇게 적었다.

여느 때처럼 가마쿠라의 절에서 좌선을 마치고 선당에

서 내려와 달빛이 비치는 숲속을 지날 때였다. 거처로 돌아가려고 사찰 정문 근처를 내려가던 중 불현듯 나를 잊고 말았다. 아니, 완전히 잊은 것은 아니었다. 달빛이 나무 그림자를 땅 위로 선명히 드리우는 모습이 마치 한 폭의 그림 같았고, 나 또한 그 그림 속에 있었다. 나와 나무들 사이에 아무런 구분이 없어 나무가 나인지 내가 나무인지 알 수 없었다. 얼마 지나 기숙사로 돌아왔는데 산뜻하고 은근한 기쁨이 가슴속을 가득 채웠다. (…) 이때 무척 안도감을 느꼈다.[39]

명상에 깊이 잠겨 있을 때가 아니라 평소대로 행동할 때 깨달음을 얻는 경우는 드물지 않다. 고대 중국의 수많은 선승이 일상의 용무를 보다가 깨달음을 얻었다. 한 예로, 9세기 중국의 선승 지한은 빗자루로 길을 쓸다가 깨달음을 얻었다.

그는 두뇌가 명석한 승려였으나 스승이 던진 물음에 대답하지 못한 것을 무척 부끄러이 여겨 가진 책을 모두 불태우고 수행승들의 식사 준비를 자처했다. 몇 년

후에 그는 산으로 들어가 대나무를 심고 홀로 지냈다. 빗자루로 길을 쓸던 중 우연히 기와 조각이 튀어 대나무에 부딪히는 소리를 듣고 큰 깨달음을 얻었다. 그는 그때의 체험을 이렇게 기록했다.

딱 소리 한 번에 아는 바를 다 잊으니, 수행으로 다스릴 일이 아니었구나.[40]

이 문장은 '깨달음은 수행이나 지식이 아니라 대자연의 특별한 기회를 통해 얻게 된다'는 뜻이다. 몸이 좌선 형태를 취하고 있을 때만 명상한다고 할 수 없고, 깊은 명상에 잠긴 상태를 자각하지 못할 때도 있다. 따라서 좌선한다고 해서 꼭 명상 상태에 있는 것은 아니다.

오늘날에는 사찰이 돈벌이를 위해 초등학생이나 유명인에게 좌선을 시키기도 한다. 이렇게 보여주기 위한 가식을 일삼는 사찰은 불교의 간판을 내건 상점에 지나지 않는다.

불교의 중요한 경전 가운데 『법구경』이 있다. 그 369
번 내용은 다음과 같다.

비구여,

배 안에 스며든 물을 퍼내어라.

물을 퍼내면

그대의 배가 가벼워지리니

탐욕과 분노를 버리면

그대는 마침내

열반에 이를 것이다.

'비구'란 명상을 통해 깨달음을 얻고자 하는 수행자
를 뜻하고, '배'는 우리 자신을 가리킨다. 이 글은 한 사
람을 배에 비유한 것이다. 배에 고인 물을 떠내 밖으로
버리라는 것은 배에 실은 짐을 버리고 텅 비우라는 의
미다. 그러면 몸이 가벼워진다. 물이나 짐은 사람의 몸

을 무겁게 하는 원인이다. 그것은 우리가 사로잡히기 쉬운 욕망과 애증이며 기억, 후회, 불안, 걱정 등을 의미한다.

게다가 사람이라는 배를 한층 더 무겁게 하는 것이 있다. 바로 '개념'이다. 스즈키 다이세쓰는 다음과 같이 말했다.

인간 마음의 최대 난점은 실재를 해석하기 위해 가공의 개념을 창출하는데, 다시 그 개념을 실재화해서 마치 가공의 것을 진짜 있는 것처럼 다루는 일이다. (…) '배를 비운다'는 것은 우리 마음에 있는 일체의 개념을 비우는 일이다.[41]

'신'이라는 개념을 가진 사람은 그 개념의 본질을 스스로 고정시킨다. 만약 그 사람이 '신은 객관적 실재'라는 개념을 갖는다면 신이 자신 앞에 나타나지 않는다는 사실만으로 괴로워할 것이다.

또한 많은 사람이 사랑에 관해 저마다의 개념을 갖

고 있다. 하지만 현실에서 일어나는 사랑은 그 개념과 딱 들어맞지 않는다. 그래서 우리는 괴로워한다. 우리가 예전부터 품고 있는 개념까지 포함해 마음의 짐을 모두 내보내면, 마침내 텅 비워지면서 고뇌나 시름도 안개가 걷힌 듯 흔적 없이 사라진다. 이는 틀림없이 '세련된 삶'의 모습이다.

중압감에서 해방되기

명상이 인간의 내면에 켜켜이 쌓인 더러움을 말끔히 씻어내고, 번잡한 마음을 차분히 가라앉혀 자신감을 회복시켜 준다는 이치는 동양이나 서양이나 똑같다.

프랑스 철학자 가브리엘 마르셀은 『존재와 소유 Etre et avoir』에서 다음과 같이 이야기했다.

나는 명상으로 언제나 내 의식을 가득 채운 번잡한 소리를 잠재울 수 있다. 그뿐만이 아니다. 이 침묵은 적

극성을 드러내는 증표이기도 하다. 침묵 속에서 비로소 자신을 되찾을 수 있기 때문이다. 명상 상태의 침묵 그 자체가 회복의 원리인 것이다. (…) 명상은 곧 이완이다.[42]

마르셀이 '이완'이라고 말했듯이, 명상을 통해 자신의 내면에 도사린 갖가지 불안정한 번뇌를 내칠 수 있다면 어깨를 짓누르는 중압감에서 해방될 수 있다. 이것이 배를 가볍게 하는 일이다.

진정한
나와 만난다

— 도겐 선사

누구도 대답하지 못한 질문

　도겐 선사는 일본 조동종(선종의 한 종파 - 옮긴이)의
개조開祖다. 그는 소년 시절부터 큰 의문을 하나 품고 있
었다. '부처의 가르침에 따르면 누구나 부처가 될 수 있
는데, 그것이 사실이라면 왜 굳이 수행해야 하는가?'
바로 이 의문에 일본의 승려들 누구도 답하지 못했기
에 도겐은 해답을 구하러 중국으로 건너갔다. 그리고

마침내 그 해답을 몸으로 깨닫고 귀국했다.

그는 원래 교토 무라카미 겐지(무라카미 천황을 시조로
하는 귀족 가문) 집안 출신이었지만, 12세 무렵 불도에 입
적하기로 결의했다. 17세부터 교토 최초의 선종 사찰
인 겐닌지의 묘젠 스님에게 가르침을 받았다.

도겐은 24세에 묘젠과 함께 상선을 타고 선의 본고
장인 중국 송나라로 건너갔다. 1223년의 일이었다. 두
사람이 천동산의 여정 선사에게 지도받는 도중에 묘젠
이 세상을 떠났지만, 도겐은 1227년 여정 선사에게 조
동종의 법을 승계했다는 증명서를 받아 일본으로 돌아
왔다. 그 후 도겐은 조동종 사찰을 짓고 후학을 길렀으
며, 선에 관한 지도서도 썼다. 그중 하나가 유명한 미완
의 작품『정법안장正法眼藏』이다. '정법안장'은 '불법의 진
리'라는 뜻이다.

욕망과 집착에서 벗어나다

도겐은 어렸을 때부터 품어온 의문에 해답을 얻었다. 그것은 여정 선사가 가르쳐준 것이 아니었다. 여정 선사의 지도를 받으며 좌선하던 중에 스스로 해답을 체험했다. 그야말로 깨달음의 체험이었다.

도겐은 그때 느꼈던 감각을 '신심탈락身心脫落'이라고 표현했다. 그는 "몸도 마음도 떨어져 나갔다"라고 했다. 몸은 신체를, 마음은 생각을 가리킨다. 몸과 마음이 탈락했다는 것은 세속적인 욕망과 집착에서 마침내 벗어났다는 선언이다.

요컨대 지금까지 자신의 모든 삶이 세속적이었다는 뜻으로, 이는 세상이 만든 보편적인 가치관과 세계관을 가리킨다. 그 세속적인 가치관의 틀 안에 갇혀 쳇바퀴를 돌리는 상태를 우리는 '살아가는' 일이라고 믿는다. 그런 믿음에서 탈출하는 것이 바로 '신심탈락'이다.

도겐은 『정법안장』에서 이렇게 강조했다.

불도를 배운다는 것은 자기를 배우는 일이다.
자기를 배우는 일은 자아를 잊는 일이다.
자아를 잊는다는 것은 만법에 증명하는 것이니
만법에 증명하는 일은 자신의 신심과 타인의 신심을
탈락시키는 일이다.[43]

사람들은 도겐의 글을 난해하다고 말한다. 하지만 다
음과 같이 번역하면 의미를 쉽게 이해할 수 있다.

진리를 추구한다는 것은 나 자신이 누구인가를 아는
일이다. 자신이 누구인지를 알고 싶다면 해답을 자기
안에서 찾지 말고 일단 자신에게서 떨어져보라. 그렇
게 모든 것, 모든 현상 속에서 자신이 무엇인지를 명확
하게 들여다봐야 한다.
무한한 모든 존재 안에서 자신을 규명하는 일은 자신
이 여기에 있다고 생각하는 자신을 벗어던지고, 마찬
가지로 그렇게 생각하는 타인도 떨쳐버리는 일이다.

도겐이 남긴 이 글의 취지는 '자신을 조금도 의식하지 말고, 타인과 세상도 의식하지 말고, 아무도 없는 세상에 서 보라. 그렇게 하면 진정한 자기 자신을 체험할 수 있다'는 것이다. 한마디로 '모든 신심을 탈락시켜 보라'는 말을 달리 표현한 것이다.

그렇게 하면 진리, 즉 불법을 알 수 있다고 도겐은 강조했다. 이때 '안다'는 것은 '이해한다'는 의미가 아니라 '체감할 수 있다'는 뜻이다. 이해해서 아는 방식은 논리로 아는 것을 의미하는데, 도겐은 진리란 논리적 설명으로는 알 수 없는 것이라고 주장했다.

만물에는 차이가 없다

도겐은 명상을 통해 인지에 어떠한 변화가 일어나는지를 『정법안장』 서두에 분명히 밝혔다. 이를 풀어서 옮기면 다음과 같다.

모든 것을 진리의 관점에서 보아라. 그러면 갈등과 깨달음, 생과 사, 그리고 깨달음을 얻은 사람과 그렇지 못한 사람의 차이가 확실히 드러난다. 하지만 모든 현상에는 본래 그러한 차이가 없다.

이 글은 대체 무슨 뜻인가? 우리가 이 세상에서 살아가는 한 다양한 차이가 생기기 마련이고, 탄생과 죽음과 깨달음을 경험하게 된다. 하지만 이 모든 현상에는 애당초 차이가 없다는 의미다.

조금 더 자세히 설명하면, 도겐은 메타인지(인지 과정을 한 차원 높은 시각에서 관찰, 발견, 통제하는 정신 작용. '상위인지'라고도 한다 - 옮긴이) 차원에서 모든 것을 보라고 강조한다. 그 시각으로 보면 '사물의 있음과 없음조차도 실제로는 존재하지 않는다'는 말이다. '실제로 존재하지 않는다'는 말은 영원불변하고 단독으로 존재하는 게 없다는 의미다.

만물은 분명 우리에게는 지금 실제로 존재하는 것으로 보인다. 내가 그것에 관심을 두기 때문이다. 그러나 대상에 전혀 관심이 없다면 그 존재는 무의미하다. 관심의 크기나 깊이는 내 몸과 마음의 상태에 따라 달라진다. 몸과 마음이 원하면 관심이 깊어지고, 원하지 않으면 관심이 옅어져 그 존재는 사라진 것과 같다.

있는 것도 없는 것도 아니다

우리는 무언가가 실제로 존재하는 상태를 '있다', 실제로 존재하지 않는 상태를 '없다'라고 표현한다. 따라서 만물은 언제나 있음과 없음, 둘 중 하나의 상태다.

하지만 진실은 어떤가? 만물을 '있는' 것과 '없는' 것으로 확실하게 구분할 수 있는가? 만물을 있음과 없음으로 구별해 말하는 까닭은 우리가 언어를 사용하기 때문이다. 언어에는 문법이 있고, 그 문법에 따라 사물과 현상이 모두 '분절'된다. 분절된다는 것은 원래 나뉘어 있지 않은 것을 언어로 나눈다는 뜻이다.

언어를 사용하는 순간, 실재하지 않는 것이 마치 실

재하는 것처럼 여겨진다. 우리는 그렇게 실재하지 않는 것을 사실이라고 믿는다. 예를 들면, 죽음이 그러하다. 누구나 '이 사람은 죽었다'라고 말한다. 언제 죽었는지 물으면 시각을 대답하고, 그러면 이 사람은 몇 시 몇 분에 죽었다고 받아들인다. 그것이 사실로 각인되는 것이다. 하지만 사실은 언제 그 사람이 죽었는지 아무도 모른다.

도겐이 살던 시대에서 750년이 더 지난 현재의 의사들도 정확한 죽음의 시간을 알 수 없다. 병원에서는 의사가 임종 시각을 알리고 진료부에 기록하지만, 그것은 단지 규칙이 그렇게 정해져 있기 때문이다.

현대 의학에서는 죽음을 호흡, 뇌, 심장이 정지된 상태라고 판단한다. 하지만 기준이 그렇게 결정되어 있을 뿐 그것이 결코 죽음의 진실이라고는 할 수 없다. 예컨대, 뇌사 상태인 사람은 산 것인가 죽은 것인가? 종종 기적적으로 살아나는 일도 일어난다.

요컨대 우리는 편의상 모든 일이나 상황을 강제로 나누고 있을 뿐, 실상 그렇게 나눌 수 있는 건 거의 없다. 사실에는 언제나 확실한 경계가 없기 때문이다.

어떤 명확한 언어를 사용할 때 우리는 마치 사실에 관해 말하는 것 같지만, 실은 언어에 의해 제한되거나 생성된 관념을 말할 뿐이다. 그런데도 그 관념이 그대로 실제 모습이라고 믿는다. 유령이나 괴물이 존재한다고 믿는 사람의 태도와 같다. 이러한 관념을 갖는 것이 '번뇌'이고, 그 관념에 휘둘리는 것이 '갈등'이다. 이러한 번뇌와 갈등에 사로잡힌 상태에서 벗어나는 것이 '신심탈락'이다.

진리를 말해달라고 누군가가 부탁했을 때 가장 현명한 대응은 아무 말도 하지 않고 침묵하는 것이다. 한마디라도 말하면 그것은 순식간에 존재하는 듯한 관념이 되기 때문이다. 이것이 선에서 '불립문자不立文字'를 강조하는 까닭이다. 불립문자는 문자로 진리를 전할 수 없다는 의미다. 그렇기에 수행한다.

이때 수행은 과제를 해내는 것이 아니다. 어떤 사물도 그것만으로 존재하지 않는다는 사실을 자신의 몸으로 체험하는 일이다.

그러므로 절에서 수행하지 않더라도 얼마든지 수행할 수 있다. 어디든 자신이 지내는 곳에서 좌선하거나 명상하면 그것이 곧 체험의 계기가 된다. 작업도 체험의 계기가 될 수 있다. 다만 무엇을 하든 생각하지 않는 상태에서 해야 한다.

내가 없으면 세상은 존재하지 않는다

상인에게는 세상이 시장이다. 시장은 장사의 씨앗이 잔뜩 묻혀 있는 곳인 동시에 장사에 실패할 때 비참한 죽음을 맞이하는 곳이기도 하다. 또한 폭력 집단에게는 세상이 피와 폭력으로 물든 항쟁의 장소일 것이고, 철학자에게 세상은 너무도 신비롭고 거대한 장난감일 것이다. 도겐은 세상을 이렇게 설명했다.

나를 배열해 세상이 되느니라. (…)
나를 배열해 내가 그것을 보느니라.[44]

쉽게 풀어서 옮기면 다음과 같다.

나 자신을 배열한 것이 세계다. (…)

세계를 있는 그대로 보는 것이 아니라,

나의 관점과 가치관과 삶의 태도로

세상을 바라보고 재구성하는 것이다.

도겐은 세계라는 독립된 객관적 공간이 우리 외부에 있다고 생각하지 않았다. 그는 '세계'를 자기 관심과 이해관계에 따라 의미가 생기고, 자신의 시야에 들어오도록 각양각색으로 펼쳐진 전체로 보았다. 세계에 존재하는 것은 어떻게 배열하느냐에 따라 그 의미와 관계가 달라진다. 배열하는 주체는 물론 자신이다. 배열하면서 바라보고 거기에서 의미를 부여한다.

또한 나 자신도 배열에 들어가 있다. 결국 세계는 독립된 객관적 존재가 아니다. 세계는 나 자신이 좋아하는 대로 늘어서 있다. 요컨대 스스로 불운하다고 믿는 이에게 세상은 불행으로 가득할 것이고, 반대로 생각하는 사람에겐 세상이 행복과 기회로 넘쳐날 것이다.

자기 내면의 세계를 다시 보고 들으며, 우리는 이것이 세계의 객관적인 모습이라고 확신한다. 하지만 실제로 세계는 실체가 있는 게 아니라 알맹이 없는 것, 즉 '공空'이라고 불러야 한다. 그러면 그것을 세계라고 생각하는 우리도 텅 비어 있다는 것을 이해할 수 있다. 이 세계가 없으면 나 자신이 어디에도 실제로 존재하지 않기 때문이다.

깨달은 자는 어떻게 사는가

명상을 실천하고, 지혜를 얻어 언어로 표현한 철학자 도겐 선사는 수행자들을 세심하게 배려하는 자상한 스승이었다. 그는 좌선 수행에 관해 이렇게 썼다.

좌선하려면 조용한 곳이 좋다. 몸이 있는 곳을 소중히 여겨라. 앉는 곳을 밝게 하라. 겨울은 따뜻하고, 여름은 시원한 것이 이롭다. 주위의 일은 모두 잊고, 심신을 쉬게 하라.

부처가 되려고 해서는 안 된다. 좌선은 깨달음을 위한 수단이 아니라, 좌선 그 자체가 부처의 완성된 행위다. 아무것도 섞이지 않은 수행 자체가 깨달음이다.[45]

또한 그는 다음과 같이 행동하라고 가르쳤다. 이것이 바로 '진인의 삶'이다.

- 다른 사람의 마음에 들려고 아첨하지 마라.
  남이 고마워하길 바라지도 마라.
- 선뜻 무언가를 남에게 베풀어라. 상대에게 도움이 되는 것을 아낌없이 줘라.
- 다른 사람들을 위해서 일하는 것도 보시布施다.
- 나에게도 베풀어라.
- 마음을 주고, 목숨을 주는 것도 보시다.
- 다른 사람에게 자상하게 말하라.
- 나만 특별해지려고 해서는 안 된다. 타인과 너무 다

르면 안 된다. 남이 하는 것도 하라.

• 사람을 싫어하거나 귀찮아하지 마라.

• 모든 일을 온화한 표정으로 마주하라.

2부

일상에서 깨달음을 얻는 법

3장

나만의 가치관을
창조하라

누구나 필요한 생각하지 않는 시간

지금까지 여러 사상가가 실천한 명상을 알아보았다. 어렵게 생각할 필요는 없다. 명상은 누구나 어디에서나 할 수 있다. 또한 자각하지 못해도 그것이 자기 나름의 명상인 경우도 있다.

명상을 간단히 말하면, 단순히 '생각하지 않는 것'이다. 명상瞑想이라는 단어를 보면 알 수 있듯이 '생각想의 눈을 감는다眼'고 해서 '명상'이다. 이는 생각해야 할 문제를 생각하지 말라는 것이 아니라 두뇌를 쓰지 않는다는 의미다. 눈을 뜨고 멍하니 있는 상태를 명상이라고 할 수 있을지 의구심을 가질 수도 있지만, 이 또한 명상이다.

명상이라고 해서 별달리 고상한 것도, 종교적인 것도 아니다. 물론 멍한 상태만을 명상이라고 일컫지 않는다. 단지 멍한 상태에서 명상하는 경우도 있다는 뜻이다. 멍한 상태에서 뭔가 엉뚱한 것을 상상할 수도 있지만, 그것이 명상 상태인지 아닌지를 겉모습만으로 타인이 판단하기는 어렵다(때때로 안구의 위치로 알 수 있을 때도 있지만).

명상이라고 하면, 무언가 신비로운 수행이나 부처의 전형적 자세인 결가부좌를 떠올릴지도 모른다. 그렇게 하는 명상도 있지만, 다른 형태의 명상도 많다. 명상의 형태는 단 한 가지가 아니다. 결가부좌는 책상다리 자세와 비슷한데, 양쪽 발등을 각각 반대쪽 대퇴부 위에 올려놓는 것이다. 이 자세가 가능한 사람도 있지만,

신체 조건상 결가부좌를 할 수 없는 사람도 있다. 반드시 이 자세로만 명상해야 하는 것은 아니다. 자세나 형식은 아무래도 상관없다. 형식을 고집하는 사람은 틀을 정해놓고 지도해 돈을 벌려는 장사꾼뿐이다.

길가나 창가에 서서 노을이 지는 풍경을 바라보며 명상할 수도 있고 자전거를 타면서 명상할 수도 있다. 손을 씻으면서도 할 수 있다. 또는 단순한 작업을 하다가 자신도 모르는 사이에 명상 상태에 빠지기도 한다. 이에 관해서는 1부에서 이야기한 중국의 지한 선사의 일화를 참고하기 바란다.

의도나 주관 없이 바라보기

명상은 아무것도 생각하지 않는 것이다. 그 이상의 깊은 의미는 없다. 단지 아무것도 생각하지 않는 상태이고, 무언가를 눈으로 보더라도 거기에 의미를 두지 않는 일이다. 나 역시 간혹 그럴 때가 있다고, 지금에서야 깨달은 사람도 많을 것이다. 바로 그 순간이 명상으로 들어가는 입구다.

때때로 '관조観照'라는 말을 쓰기도 한다. 관조는 두뇌를 작동시키지 않고 무언가를 가만히 보는 일이다. 무언가를 보지 않아도 명상에 몰입할 수 있지만, 관조는 무언가를 바라보면서 머리를 쓰지 않을 때 도달할 수 있다. 반면에 관찰이란 두뇌를 가동해서 대상을 보는 일이다. 관찰에는 다분히 의도와 주관이 들어 있지만, 관조에는 의도나 주관이 전혀 포함되어 있지 않다.

이러한 점에서 관조는 명상과 자연스럽게 이어져 있고, 그 경계선을 확실히 구분할 수 없다. 관조 상태에서 그대로 명상으로 넘어갈 수도 있다. 실제로 관조와 명상이 그렇게 이루어진다면, 스스로 '이것이 관조다' 또는 '지금 나는 명상한다'라고 구별해서 의식할 수 없다.

외부에서 벌어지는 잡다한 일, 자기 내면에 도사리는 갖가지 근심과 감정에 쏠린 의식 자체를 버려야 한다. 그렇게 내면이 온전히 비워질 때 관조와 명상이 가능해진다.

생각을 참기 어려운 현대인

아무것도 생각하지 않는 관조와 명상 상태에서는 두뇌가 평소처럼 작동하지 않는다. 두뇌가 휴식하는 것이다. 수면과 마찬가지로 관조와 명상은 심신에 휴식을 준다. 그런데 관조와 명상을 바로 실천할 수 있는 사람과 좀처럼 실천할 수 없는 사람이 있다. 실천할 수 없는 사람은 '생각하지 않는 것'이 불가능한 사람이다.

생각을 멈추기 어렵다는 것은 현대인의 특성일지도 모른다. 현대사회는 매일 각종 경제활동과 다양한 의무로 숨 가쁠 정도로 바쁘게 돌아가고, 우리는 끝없이 여러 가지 일을 생각해야만 하는 생활로 내몰리고 있다. 심지어 쉴 때조차 습관적으로 두뇌를 회전시키고 좀처럼 멈추지 못한다.

실제로 우리는 어떤 한 가지 일에 철학자처럼 면밀하게 집중하여 '사고'하지 않는다. 앞으로 처리해야 할 일의 순서를 짜는 데 머리를 쓸 뿐이다. 다시 말해, 조금씩 끊임없이 생각하는 습관이 자신도 모르게 배어 있다.

이는 에너지 소모가 매우 큰 일이다. 하지만 사소한 일들을 계속 생각하며 연달아 처리해나가지 않으면, 사회적 안위와 생활이 위협받을 거라는 불안에 사로잡히고 만다. 이렇게 된 것은 19세기 후반 산업혁명 이후 자본주의경제로 변화할 무렵부터가 아닐까.

고전을 펼쳐보면 관조나 명상이라는 말이 자주 나오지만, 요즘 책에는 거의 나오지 않는다. 과거에는 아무것도 생각하지 않고 지내며 느긋한 시간을 확보할 수 있었다. 우리가 관조와 명상을 하려고 하는 이유는 이처럼 '생각하지 않는' 시간을 갖기 위해서다. 이를 얻으려면 지금까지 자신이 체득한 습관의 한 부분을 깨뜨려야 한다.

우리가 깨뜨려야 하는 것은 '항상 생각하는 습관'만이 아니다. 그 토대를 이루는 사고방식도 함께 무너뜨려야 한다. 기존의 사고방식을 고수한다면 앞으로도 계속 '지금의 자신'으로 머무를 수밖에 없다. 그 상태가 지속되는 한 끝없이 무언가를 생각하는 습성에서 벗어날 수 없다.

항상 무언가를 생각하는 습관이 언제 생겼는지 기억을 더듬어보라. 아마도 어릴 때는 그렇지 않았을 것이다. 생각이라는 개념조차 머릿속에 없었던 어린 시절에는 생각하기에 앞서 먼저 느끼지 않았던가. 그러한 감각에 의지해 판단했던 일은 대부분 잘못되지 않았을 것이다. 어느덧 성인이 되어 사회적으로 행동하는 일이 급격히 늘어나면 이것저것 생각할 일도 늘어나기 마련이다. 세상의 규칙에 잘 따라야 하기 때문이다.

그렇게 생각하면 우리가 자주 듣는 '어른이 된다'는 표현은 결코 '완성된 인간이 된다'는 뜻이 아니다. 세상에 아첨하고 주위를 신경 쓰면서 지금까지 해온 관행대로 행동한다는 것을 의미한다.

사회의 규칙은 인생의 규칙이 아니다

어른으로서 사회에서 수월하게 살아가려면 우선 세

상의 규칙을 따라야 한다. 이것은 보편적인 약속이다. 또한 현재를 안전하게 살아가려면 필수 불가결한 일이다. 문제는 그 후에 발생한다. 우리가 신경 써야 하는 온갖 사회 규칙이 인생을 강하게 옭아매는 족쇄로 작용하기 때문이다.

예를 들어, 기업에서 일하다 보면 상사들은 '결과가 중요하다'는 사고방식을 주입시킨다. 기업 입장에서는 이익 증대가 곧 결과를 의미하지만, 개인의 삶에서도 그게 전부라고는 할 수 없다. 그러나 그 사고방식이 개인의 의식을 잠식한다.

대표적인 사례가 퇴직 후에도 회사의 지위나 직함을 가진 양 행동하고, 서비스 종사자들을 거만한 태도로 대하면서 갑질을 일삼는 사람들이다. 그들은 심지어 회사의 서열이 사회의 서열과 같다고 착각하고, 오만한 자기 기준에 따라 모든 사람의 서열을 매긴다.

이런 식으로 우연히 자신이 속한 집단의 가치관이나 규칙을 자각 없이 받아들이고, 그것을 자신의 사고방식을 이루는 중심축으로 삼는 사람이 의외로 많다. '세파에 시달린다', '사람들에게 부대낀다', '사회 경험을 쌓는다', '세상의 풍파를 겪는다' 같은 말들은 모두 세상을 살며 자기만의 고유한 사고방식을 잃은 모습을 표현하는 말이다. 그들은 온몸에 세상의 때가 묻어야 비로소 사회의 일원이 될 수 있다고 본다. 하지만 이는 지금의 사회에 맞춰서 살아가는 것이 무조건 옳다는 입장에서 나온 일방적인 논리일 뿐이다.

사회는 실제로 존재하는 물리적 공간이 아니라, 그 지역의 정치나 풍토가 중심축이 되어 인공적으로 생성된 관념에 지나지 않는다. 그 관념이 존재하는 장소는 오직 인간의 머릿속이다. 관념과 굉장히 비슷한 현실이 여기에 있더라도 관념이 현실이 되는 것은 아니다. 이렇듯 추상적일 수밖에 없는 사회가 강요하는 질서와 윤리가 무조건 정당하다는 근거는 어디에도 없고, 그 시대 사람들의 생활에 가장 어울린다거나 인간적이라는 보장도 없다. 당시의 정치를 수행하는 데 세상의 윤리가 안성맞춤이었을 뿐이다.

　세상의 윤리를 기준으로 하면 출세는 좋은 일이다. 세속적이고 대중적인 욕망에 맞춰 충실하게 살아가면, 조직에서 승진하거나 세상에 이름을 널리 알리거나 두각을 나타낼 수 있으니까 말이다.

　그런데 '출세出世'라는 단어에는 사실 두 가지 의미가 더 있다. 하나는 '이 세상에 태어난다'는 뜻이고, 또 하나는 '속세를 떠난다'는 뜻이다. 이때 속세에서 떠난다는 의미의 '출세'는 불교에서 유래하는데, 속세라는 번뇌의 세계에서 벗어나는 것을 이르는 말이다.

　인간을 고통에서 구원하는 데 목적을 둔 불교가 세속에서 벗어나라고 말하는 까닭은 세상이 고통의 도가니이기 때문이다. 그 이유는 무엇인가? 평범한 사람들의 모습을 조금만 떠올려도 금세 알 수 있다. 속세, 즉 우리가 살아가는 사회의 세계관과 가치관을 토대로 우리의 삶을 정리해보면 다음과 같다.

- 사람이 늙는 것은 죽음과 쇠망으로 향하는 일이다.

- 어떤 승부든 패배는 나쁜 일이다.

- 질병과 사고는 인생에서 커다란 손실이다.

- 힘은 없는 것보다 많을수록 좋다.

- 인생은 유한하다.

- 숙명이나 운명은 모두 정해져 있다.

- 자산이든 능력이든 가진 것이 많을수록 뛰어난 사람이다.

- 혈통에도 위아래가 있고, 핏줄과 재능은 계승된다.

예나 지금이나 세상의 사고방식을 지배하는 가치관은 비슷하다. 현대사회에서는 학력, 경력, 외모 등의 요소가 매우 중요하고, 과거보다 현대인이 겪는 고뇌가 훨씬 다양하다.

세상의 가치관을 자신의 것으로 받아들이고, 그 가치관에 기반을 두고 자신과 타인을 바라보는 한 이 세상은 도망칠 곳 없는 생지옥이다. 남과 자신을 계속 비교하면서 더 많이 가져야 한다는 강박에 시달리며 힘겹

게 살아가도, 결국에는 크게 깨닫거나 얻는 것 없이 생을 마감하기 때문이다.

세상의 가치관이 불행을 초래한다

세상의 가치관은 나중에는 반드시 고뇌의 씨앗이 된다. 그 씨앗이 뿌려진 세속에서 완전히 벗어나자는 것이 불교의 기본자세다. 이것이 물리적으로 가능하려면 복잡한 도시를 떠나 산속의 절로 가야 한다. 하지만 그런 방법을 누구나 선택할 수 있는 것은 아니다.

불교 의식을 따르지 않더라도 세상의 가치관과 세계관에서 손쉽게 벗어날 수 있다. 바로 이 세상에서 일어나는 모든 일을 그저 관망하는 것이다.

사고도 죽음도 질병도 흔히 일어나는 일이다. 인간뿐만 아니라 동물도 식물도 돌연히 사고를 당하고, 병이 들며, 언젠가는 죽는다. 이렇듯 비극적인 순간이 찾아올 때 어떻게 대응할 것인가? '예사롭게 일어나는 일'

을 그저 관망한다면, 매일 여느 때와 다름없는 일이 일어난 것에 불과할 것이다. 파도가 밀려오고 밀려 나가는 광경을 바라보는 것이나 마찬가지다. 바닷물이 밀려나갔다고 해서 비통해하는 사람은 없다.

이런 이야기가 나오면 일방적인 시점에서 가치를 매기는 사람이 있다. 그들은 죽음과 질병을 좋지 않은 일로 단정 짓고, 나쁜 일이 일어났다고 슬퍼하며 탄식한다. 괴로움은 바로 거기서 생겨난다. 고통의 원인은 무언가 불행한 사태가 일어났다는 사실이 아니다. 세상 어디에서도 흔히 일어나는 일을 굳이 '불행'이나 '흉사'라 부르며 멋대로 가치를 정하기 때문이다.

그렇게 단정 짓는 것은 사람이지만, 그 사람의 판단 기준은 세상에 만연한 '가치관'이다. 죽음이나 질병은 탄생의 반대쪽에 있으므로 좋지 않다는 단순한 가치관은 비즈니스를 크게 성공시키고자 하는 사람들의 손익 계산에서 생겨난다.

그들은 이런 엉성한 가치관을 비즈니스 영역을 넘어 인간의 삶에 강제로 끌어들이는 폭력적 행태를 보인다. 경제적 손실로 분류되는 일을 의도적으로 '불행'이나 '불운'이라고 바꿔 말하는 것이다. 비판 능력이 부재한 사람들은 그렇게 바꾼 말의 이면을 꿰뚫어 보지 못한 채 그것이 바로 인간의, 삶의 진실이라고 믿는다. 이러한 작동 원리로 불행이나 액운이라고 불리는 일들이 세상에 탄생한다.

미디어가 주입하는 착각

우리는 부모나 교사를 포함한 주위 사람들, 또는 미디어를 통해 세속적인 가치관이 보편적인 것인 양 교육받는다.

우리에게 드라마, 영화, SNS 등 미디어가 미치는 영향력은 매우 크다. 다들 미디어에 등장하는 인물의 말투를 따라 하고 패션도 어딘가 비슷한 것이 그 증거다. 심지어 생활 방식마저 닮아가고 있다. 매사에 호들갑스럽게 반응하는 드라마 속 등장인물처럼 굴고, 미디어

속 인물이나 주변인의 말과 행동에 민감하게 반응한다. 사소한 일에 분노하고 질투하고 울고 기뻐한다. 마치 언제 터질지 모르는 감정 폭탄을 들고 있는 것과 같다.

사람들은 미디어에서 보는 역동적인 삶이야말로 자신들에게 어울린다고 생각한다. 물론 그렇지 않다. 그들은 자신과 다른 방식으로 살아가는 사람을 경험한 적이 없고, 책을 통해 간접 경험한 적도 별로 없다. 그래서 다른 삶을 사는 이들을 불편하게 여긴다. 마치 만화경을 들여다보면서 "이것이 세상의 모습이야"라고 한탄하는 모양새다. 똑같은 색유리 조각이 담긴 좁은 관을 돌려가면서 다른 사람의 만화경보다 자신의 만화경으로 보는 세상이 더 아름답다고 믿는다.

이처럼 자신만의 만화경에 갇혀 눈을 뗄 줄 모르는 사람들이 점점 늘고 있다. 심지어 세대가 다를지라도 이들의 생각은 대체로 비슷할 수밖에 없다.

세대가 달라도 생각은 대체로 같다는 말에 누군가는 "아니, 절대 그렇지 않아. 젊은 세대와 노인 세대는 생각이 완전히 다르지"라고 반박할지 모른다. 세대에 따라 입장이 다르고, 이해득실에 따라 생각에 다소 차이가 있게 마련이다. 그래도 그들 눈에 보이는 것은 거의 같다고 감히 말하고 싶다. 그들의 시야가 이미 '분절화' 되어 있기 때문이다.

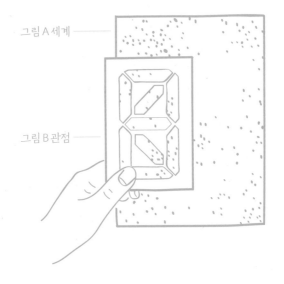

그림 A 세계

그림 B 관점

무수한 점이 무작위로 흩어져 있는 '그림 A'를 세계 전체라고 하자. 세계를 볼 때, 사람들은 '그림 B'와 같은 프레임을 사용한다. B의 프레임은 대각선이 그어진 정사각형이 두 개 포개진 형상이고, 구멍이 뚫려 있다.

이 프레임으로 그림 A를 보면 반드시 어떤 의미가 떠오른다. 가령 그림 A에서 점이 밀집된 부분을 보면 '8' 자가 확실히 보이고, 점이 드문드문 있는 부분을 보면 'F'가 떠오르는 식이다. 같은 지점에서 프레임을 비스듬히 기울이면 또 다른 의미가 떠오른다. 우리 머릿속에 떠올라 눈에 보이는 것은 모두 의미를 지니고 있다. 정확하게 말하면, 사람에게는 그것이 '의미를 가진' 것처럼 보이기 마련이다.

세계는 원래 무수히 많은 점이 무작위로 흩어져 있을 뿐, 그곳에는 아무 의미도 질서도 없다. 단지 존재가 빛나고 있을 뿐이다. 그런데도 거기서 특정한 의미를 찾는 것은 우리가 프레임을 통해 보기 때문이고, 그에 더해 프레임에 규칙적인 구멍이 뚫려 있기 때문이다.

이 규칙적인 구멍은 인간의 언어 규칙, 즉 문법이나

논리 등을 가리킨다. 우리가 언어를 사용해서 세계를 이해하는 이상, 그 문법 규칙과 비슷한 것은 모두 의미를 담고 있는 것처럼 보인다.

예컨대 알파벳 모양으로 구워낸 ABC 초콜릿의 봉투를 뜯어 초콜릿을 테이블 위에 쏟아놓으면, 반드시 누군가는 'BACK', 'CUT', 'MAY' 등 새로운 의미 배열을 만들 것이다.

이것을 사주나 점괘, 우주나 신으로부터 온 신비로운 메시지로 인식하는 것도 사람들이 프레임 논리를 갖고 있기 때문이다. 무언가에 '의미가 있는' 것이 아니다. 그곳에 나타나는 무언가를 '의미가 있는 것처럼 보고 있을' 뿐이다.

실제로 노인이든 젊은이든 모든 사람은 이렇게 세계를 인식한다. 그들이 세계를 인식할 때 사용하는 프레임은 세상의 논리와 가치의 형태에 따라 이미 구멍이 뚫려 있다.

세상의 규칙에 저항하는 자들

비슷비슷한 만화경이나 프레임을 통해서만 세상을 본다면, 우리의 생각은 제한되어 한곳에 머물 수밖에 없다. 새로운 생각, 가치관, 세계관은 나오지 않는다. 그 상태에서 탈출하고 싶다면 한쪽 눈만이라도 만화경 밖의 세상을 향해야 한다. 기존에 익숙해진 프레임을 버려야 한다.

또 다른 방법은 세상의 규칙을 거부하는 '무법자'로 사는 것이다. 예술가들 중에는 이 유형이 많다. 유명한 인물을 예로 들자면 모차르트, 톨스토이, 오스카 와일드, 르누아르, 피카소 등이 있다.

이들이 추구한 삶은 정형화된 틀에서 벗어나 있다. 세상의 잣대로 보면 그들의 삶 자체가 스캔들이다. 남들과 같이 평범하게 살아가는 예술가는 드물다. 일반적인 틀에서 벗어난 그들의 작품은 세속을 초월한 것이기에 놀라움을 준다. 물론 그 놀라움의 강도가 클수록 세상 사람들에게 완전히 이해받기는 어렵지만 말이다.

특별한 재능을 타고났기에 예술가가 되는 것은 아니다. 남들보다 몇 배 더 노력한 결과 자신이 원하는 목표 지점에 도달했을 뿐이다. 그 노력이란 세속적인 만화경으로 세상을 보지 않으려는 의지를 말한다. 그들의 눈에 들어온 것, 보고 느낀 것, 생각한 것은 세속적인 가치와 완전히 달랐다. 그러한 삶의 태도에서 맺은 결실을 쉬이 형용할 수 없기에 세상 사람들은 그것을 '재능'이라고 부른다.

사람들은 재능이나 천재라는 말을 쉽게 쓰지만, 사실 그게 정말 무엇인지 잘 모른다. 다만 자신에게 있는 것과는 전혀 다른 자질을 재능이라 부르고, 그런 재능을 가진 이들을 천재라 칭함으로써 왠지 다 이해한 기분에 빠져드는 것이다.

세상의 관념을 부수는 도끼

저항으로 점철된 무법자의 삶을 굳이 선택하지 않아

도 우리의 생각을 가두는 세속적인 만화경을 버릴 계기는 얼마든지 있다.

그중 한 가지는 가능한 한 책을 많이 읽는 일이다. 오락을 목적으로 쓰인 책은 제외다. 오락을 주목적으로 한 책은 세속적인 가치관, 세상의 윤리와 인습을 중심에 둔다. 그런 책들의 인기가 높은 까닭은 독자의 현재 삶과 사고방식, 감성을 긍정하고 때로는 위로도 해주기 때문이다. 거기서 독자는 쾌감을 얻는다. 한마디로 잠깐의 심리적 위안만 주는 셈이다.

오락을 목적으로 하지 않는 책은 가볍게 통독하고 이해하기 쉽지 않다. 모르는 용어, 표현, 비유가 자꾸 나오고 알쏭달쏭한 내용이 많다. 인내하며 읽다 보면 두통이 생기는 기분이다. 두통을 느끼는 것은 세속적 가치관을 무시하고 부정하는 책의 내용이 지금껏 자신의 생활을 지탱해온 세속적인 관념이나 윤리를 파괴해 아픔을 주기 때문이다.

이러한 책은 마치 도끼와 같다. 지금까지 우리를 가두고 있던 세속적인 관념과 상식을 깨뜨려 산산조각

내는 것이다. 읽기 어려운 책이나 여태껏 관심을 두지 않은 분야의 책이야말로 삶에 결정적인 영향을 미친다.

그것은 새로운 지식이 아니다. 이를테면 새로운 관점의 각도 혹은 새로운 안목을 지닌 시각, 촉감, 지금까지 눈을 돌린 적이 없는 감성이 지닌 신기한 빛이다. 그 책을 읽고 전체를 이해했다고 해서 당장 무언가를 얻는 것은 아니다. 다만 몇 줄 또는 몇 개의 단어가 나열된 문장을 읽는 것만으로도 이 세계가 크게 변화한다는 것을 내면으로 경험할 수 있다.

체험이 되는 독서

앞서 소개한 앨런 시거의 시를 기억하는가. 그 시의 후렴인 "나는 죽음과 만나기로 했다"란 표현도 보편적 지식을 깨뜨리는 하나의 도끼다. 마치 데이트하듯이 죽음과의 만남을 약속한다는 심경은 평범하지 않다.

이 시구를 '나의 도끼'로 삼을지 아닐지는 자신의 마

음가짐에 달려 있다. 만약 비즈니스에 유용하도록 독서를 지식의 입력 수단으로 간주해 효율적인 속독과 다독만을 추구한다면, 절대로 도끼를 찾을 수 없을 것이다. 굳이 저명한 인물이 어려운 말로 가득 채워놓은 책이 아니어도 좋다. 평소에는 그냥 지나쳤을 하이쿠에서도 도끼를 찾을 수 있다.

스즈키 다이세쓰는 마쓰오 바쇼가 1690년에 쓴 한 시구에서 자신의 도끼를 발견했다.

이제 곧 죽네

경치 보이지 않고

매미 소리만

보이는 내용만으로 이해하면 '이제 곧 죽게 될 낌새조차 느끼지 못할 정도로 매미가 시끄럽게 울고 있는 상황'이라고 볼 수 있다. 단순한 사실 묘사만으로 이 시구를 이해하면 도끼는 절대 찾을 수 없다. 매미의 울음소리가 바로 지금 귓가에 들려오는 것처럼 이 시구가 마음속으로 들어올 때 비로소 도끼가 튀어나오게 된다. 이 시구를 읽고 스즈키 다이세쓰는 다음과 같이 기록했다.

여기서 '이제 곧 죽네'라고 표현했지만, 인간은 이제 곧 죽는다는 사실을 자신의 일로 여겨 머릿속 한구석에 두지 않는다. 매미도 마찬가지다. 죽거나 쇠락해가는 것 따위 손톱만큼도 생각하지 않는다. 다만, 쓰쓰쓰쓰 하며 듣는 사람의 귀를 압도할 정도로 강렬하고 시끄럽게 울어댈 뿐이다. 이 강한 생명력과 불굴의 삶은 그저 머리로 생각하는 삶이나 죽음의 관념을 완전히 넘어서 있다. 단지 쓰쓰쓰쓰 하고 운다. 그것은 틀림없이 세상 전체에서 울리는 생명의 소리다.[46]

매미의 울음소리를 바로 그 자리에서 들은 사람이 쓴 듯한 글이다. 이렇게 깊이 느끼며 책이나 글을 읽는 것이야말로 '체험'이라고 부를 수 있다.

도끼가 튀어나오게 하는 독서 방법은 '체험하는 독서'다. 같은 책을 읽는다고 해서 누구나 똑같이 체험하는 것은 아니다. 교사들은 책 읽는 사람의 감수성, 예비지식, 경험에 따라 책에서 받는 감상과 느낌이 다르다고 말한다. 하지만 실은 그렇지 않다.

책을 읽어 체험할 수 있는 사람이 있는가 하면, 지식은 잘 흡수해서 쌓지만 아무것도 체험하지 못하는 사람이 있다. 그렇다면 이 둘의 차이는 어디서 비롯되는 걸까?

책을 읽고 체험하는 사람은 아무것도 갖고 있지 않은 상태에서 책을 읽는다. 아무것도 없이 읽는다는 것은 모든 판단, 특히 세속적인 상식에 근거한 판단과 고정관념을 모두 버린 상태에서 책을 읽는 것이다.

그렇게 책을 읽을 때는 반드시 마음이 고요하다. 감정에 휘둘리지 않고 몸에 고통도 없다. 불쾌한 기억이 덮쳐오지도 않고, 현실의 위험도 없다. 요컨대 평온한 상태다. 그 상태로 있을 때, 책에 쓰인 미묘한 말들이 고요한 파도가 되어 '나'라는 해변으로 밀려와 발을 적셔준다.

책을 읽는 사람이 신념이나 선입견 등 갖가지 고정 관념을 갖고 있다면, 마치 자기 주위에 높은 암벽을 쌓는 것이나 다름없다. 그러면 이내 파도가 암벽 아래에 부딪혀 부서지고 만다.

대인관계도 마찬가지다. 자신만의 선입견으로 무장하고 상대를 대한다면 상대를 이해하기 어려워진다. 우리는 사람들과 어울리기 위해 흔히 식사 모임이나 술자리를 마련한다. 이런 사교 모임은 경계를 풀려는 목적이 있지만, 편안한 자리를 마련해도 자신을 속이거나 거짓으로 대화한다면 상대를 유혹할 수는 있어도, 인간적이고 진실한 교류는 나눌 수 없을 것이다.

어떤 마음과 태도를 갖느냐에 따라 책도, 인간도 우리에게 두 가지 영역을 제공한다. 대립 관계 혹은 주인과 손님의 관계처럼 서로 잘 모르는 상태가 될 것인가. 서로 융화하고 이해하는 관계를 맺어 상대를 자신처럼 잘 알게 될 것인가. 마르틴 부버는 20세기 전반에 이 기본 원리를 세련된 형태로 표현했다.

4장

관조와 명상을
생활화하라

인생은 '처리'하는 것이 아니다

아무것도 갖고 있지 않을 것, 이미 가진 것과 세상에서 얻은 것을 전부 떨쳐낼 것. 이 두 가지가 '생각하지 않는 상태'의 기본이다. 생각하지 않는다는 것은 관조와 명상의 기본자세다. 세상사에 늘 얽매여 있으면 관조와 명상을 할 수 없다.

생각하지 않는 상태, 특히 세속적인 관념과 가치관으

로 생각하지 않고, 생활을 합리화하지 않는 자세는 다른 여러 상황에서도 효과적이다. 어떤 일을 직접 체험할 기회가 늘어나기 때문이다. 평소에 우리는 다양한 일을 매일 체험하고 있다고 여기지만, 사실은 전혀 '체험'하지 못하고 있다.

우리는 눈앞에서 벌어지는 일이나 상대방을 두고 '그건 이러이러한 일일 것이다'라든가 '이 사람도 분명 예전의 그런 사람들과 다름없을걸' 하며 선입견에 사로잡혀 함부로 판단한다. 또한 그 판단이 객관적 사실인 것처럼 여기는 경향이 있다. 이는 체험하지 않고 그저 머릿속에 있는 기억과 전례에 비추어 자기 기준대로 판단하는 것이다.

이러한 편견은 매일의 삶을 비슷비슷하게, 예상대로 순조롭게 만드는 일종의 합리화 기능을 갖고 있다. 동시에 자기 인생의 매 순간을 평소처럼 '처리할 일들의 연속'으로 인식하게 한다. 인생이 이처럼 처리할 일들의 연속이라면 그것만큼 따분하고 시시하며 피곤한 인생은 없을 것이다. 이렇게 살아가는 삶은 한낱 처리용

기계와도 같다.

이런 사람은 아무것도 '체험'하지 못한다. 그저 삶을 처리할 뿐이다. 쉬운 요령만 신속하게 찾으려 하고, 인간관계에서도 공식이나 취급설명서를 찾는다. 실제로 요즘에는 이처럼 인간관계를 패턴화해서 처리하는 요령을 알려주는 책이 많다.

인생을 단지 처리의 연속으로 여기는 사람이 고양이를 키운다고 생각해보자. 아마도 동물병원에 데려가고, 정해진 양대로 사료를 주고, 화장실을 준비하는 것으로 자기 할 일은 다 했다고 여길 것이다. 그는 고양이의 눈을 바라보지 않을 테고, 고양이 때문에 애가 타는 일도 없을 것이다. 마치 인테리어 소품처럼 고양이를 '물건'으로 여기기 때문이다. 그런 사람은 쓸모없어진 가구를 버리듯 키우던 동물을 쉽게 유기한다.

고양이를 정말로 사랑하고 소중한 가족으로 대한다면, '고양이 집사'라는 새로운 삶을 체험하게 된다. 이처럼 고양이를 키우는 행위도 사람의 마음가짐에 따라 제각기 다른 결과를 빚어낸다.

마르틴 부버는 같은 행위가 태도에 따라 큰 차이를
만들어내는 현상을 이렇게 설명했다.

경험을 지속할 때, 인간은 세상에 관여하지 않는다. 경
험이란 '인간의 내부에서' 일어나는 일이지, 인간과 세
상 사이에 놓여 있는 것이 아니기 때문이다.[47]

체험은 내면에서 일어나는 일

앞서 인용한 문장의 핵심은 체험이 우리의 내부에서
일어난다는 것이다. 만약 누군가에게 소개받은 정원사
를 만나 평범하게 인사하고, 대화를 조금 나누었다면
이는 체험이라 할 수 없다. 단지 정원사를 만났다는 사
실만이 작은 기억으로 남을 뿐이다.

그러나 정원사와 속마음을 털어놓고 깊은 이야기를
나누었다면, 그의 인품과 대화 내용이 자신의 내면 어
느 한곳에 확실히 자리매김했다면, 그 만남은 인생의

체험이 된다.

인간을 대할 때뿐만 아니라 자연을 바라보는 행위 역시 체험이 될 수도 있고, 체험이 되지 않을 수도 있다. 앞서 1장에서 소개했듯이, 괴테가 레몬 나무를 보고 자기 일처럼 기뻐한 것은 분명 그가 '체험'했기 때문이다. 만약 괴테가 레몬 나무를 건성으로 대해 진정으로 마음이 움직이지 않았다면, 결코 체험이 이루어지지 않았을 것이다.

이것은 체험이 우리 내부에서 일어나는 일이라는 것을 증명한다. 다시 말해, 자신을 고스란히 상대에게 전하고, 상대 또한 자신을 내주며 상호 교류할 때를 오직 '체험'이라 말할 수 있다.

이 일은 타인이 외부에서 보고 판단할 수 있는 것이 아니다. 오직 고요한 자기 내부에서만 감지할 수 있다. 그렇기에 체험을 내면에서 일어나는 일이라고 거듭 강조하는 것이다.

관조나 명상도 마찬가지다. 그것을 제멋대로 예단하고 자신의 편견을 덧씌운다면, 오랜 시간이 지나도 진정한 관조와 명상을 체험하지 못한다. 우리는 더럽혀진 안경을 닦아야 한다. 그래야만 인생에서 진정한 체험이 시작된다.

우리가 이미 체험하고 있는 명상

'생각하지 않는 것'을 지금 당장 할 수 있는 사람이 있는가 하면, 실천하기 매우 어려워하는 사람도 있다. 특히 생각하지 않으려고 노력하거나 무심無心 상태에서 명상하겠다고 마음먹은 사람에게는 생각하지 않는 것이 새로운 난제일 수 있다.

생각을 끊는 것이 어려운 사람이 쉽게 저지르는 시행착오가 있다. 바로 생각하지 않는 시간을 따로 만들기로 마음먹고, 의도적으로 그 시간을 마련해 일정에 짜 넣고, 이것저것 준비해 자신의 마음을 그 상태로 끌고 가는 태도다.

생각하지 않기 위한 환경이나 순서를 정비하는 것이

야말로 과제로 수행하고 처리하는 방법과 같다. 세상과 똑같이 사고하지 않기(생각하지 않기) 위해서 세상의 일률적인 사고에서 생겨난 방법(기존의 사고방식)을 끌어들이는 것은 잘못이다. 어떤 방법을 사용하든지 '생각하지 말자, 생각을 멈추자'라고 자신을 몰아붙이면 좋은 결과가 나오지 않는다.

어떤 일을 처리할 최적의 방법이 있다는 것은 이제까지 통용된 세상의 일반적인 사고방식이다. 이를 버리고 평소 자기 모습을 다시금 찬찬히 떠올려보라. 언제나 뭔가 늘쩡늘쩡 생각하는 버릇이 있다고 생각했지만, 꼭 그랬던 것만은 아니라는 사실을 깨달을 것이다.

바쁘게 일하는 동안에 혹은 귀가하면서도 여전히 일이나 인간관계로 울적한 기분을 떨쳐버리기 어려울 때, 우리는 머릿속에서 갖가지 일을 계속 생각한다.

그럴 때에도 문득 올려다본 비 갠 하늘에 뜬 무지개를 한동안 넋을 잃고 바라보는 순간이 찾아올 때가 있다. 때로 혼자 가벼운 작업을 하다가도 '아무것도 생각하지 않는 시간'이 슬며시 찾아올 때도 있다.

정원의 꽃나무에 물을 줄 때도 그런 순간은 찾아온다. 땀을 흘리고 나서 마침내 받아든 물을 단숨에 들이켤 때도, 반가워하며 달려드는 개를 쓰다듬어줄 때도 그렇다. 깊은숨을 내쉬며 욕조 물에 몸을 푹 담글 때도 생각하지 않는다.

이처럼 우리는 이미 일상생활을 하면서 아무 생각도 하지 않는 명상의 순간을 경험하고 있다. 그것은 마치 일상의 구멍으로 쏙 빠진 느낌, 혹은 높은 계단을 오르다 잠시 멈춰서서 한숨 돌리는 느낌이다. 헤엄치기를 멈추고 손발을 쭉 뻗은 채 물 위에 떠 있는 느낌과도 비슷하다.

이때 특별한 쾌감이 느껴지진 않는다. 오직 자기 자신이 사라진 느낌이 어렴풋이 찾아온다. 혹은 자신이 보고 있는 대상에 강렬하게 끌려, 몸은 이곳에 있지만 나의 알맹이는 그 대상 쪽으로 완전히 옮겨 간 것처럼 느끼기도 한다. 대개는 그 '느낌'조차 느끼지 못할 것이다. 이 상태가 바로 불교에서 말하는 '무아無我' 혹은 '무심無心' 상태다.

무아니 무심이니 하는 말을 들으면, 평소에는 잘 들을 일이 없는 표현이기에 경험한 적이 없다고 생각할 수 있지만, 앞서 살펴보았듯이 많은 사람이 무아나 무심을 매일 체험하고 있다. 다만 전혀 알아채지 못할 뿐이다.

이는 눈앞의 파랑새를 알아채지 못한 채, 다른 먼 곳에 있을 행복만 찾아 헤매는 사람과 동일한 심리다. 하지만 아무것도 생각하지 않는 상태는 틀림없이 관조와 명상 그 자체다. 관조와 명상은 위인이나 성자만 할 수 있는 것도 아니고, 결코 비밀스러운 일도 아니다. 관조와 명상은 지금 우리가 생활하는 다양한 상황에서 일어나고 있으며, 모두가 이미 체험한 일이다.

깨달음은 생활 속에 있다

사찰에서 수행하는 젊은 승려들이 청소, 빨래 등의 잡다한 노동을 하는 이유는 잡무를 통해 몸으로 무심 상태를 배우기 위해서다(물론 생계유지라는 측면도 있다). 이는 과보호한다고 해도 좋을 정도로 자상한 배려다. 물론 그렇다고 해서 승려가 세상 사람들보다 무심 상태를 많이 경험하는 것은 아니다.

우리가 어렴풋이 알아채고 있듯이, 수행승 대부분은 깨달음에 이르지 못하고 마치 양성학교의 학생처럼 일과를 보낸다. 수행을 잡다한 작업이나 상부에서 의무로 부여한 과제로 간주하기 때문이다. 일부 순수한 의지를 지닌 수행승은 깨달음을 목표로 할지도 모른다.

일정 기간의 수행을 과제로 여기는 것이 아니라 깨달음을 얻기 위한 분투의 과정으로 보는 것이 더 바람직하다. 수행을 수단으로 삼는 것은 세상의 사고방식에 완전히 물들어 있는 것과 같다. 무언가를 목표로 하는 것 자체가 세상의 보편적인 사고, 행동 양식, 즉 목적에 적합하기 때문이다. 목적을 획득하기 위해 노력하는 것이야말로 세상에 만연한 허무주의다.

왜 목적에 부합한 사고와 행동을 허무주의라 하는가? 이는 목적 달성의 욕망만이 크게 부풀려져 있고,

목적 획득의 과정은 가능하면 지름길이 좋다는 실리적인 자세를 취하기 때문이다. 목적 획득에만 가치를 두고, 과정 하나하나에는 아무런 의의를 발견하지 못하는 것이다.

수단은 무조건 효율적이어야 한다는 마음가짐으로는 삶의 의미를 찾아낼 수 없다. 그러한 마음가짐은 오직 강한 욕망이 지배하는 자본주의 비즈니스에서만 유효하고, 진정한 삶에는 통하지 않기 때문이다.

깨달음은 삶 속에 자연스럽게 존재한다. 깨달음은 목표로 삼거나 욕심낼 대상이 아니다. 우리의 외부가 아니라 올곧은 생활 속에서 얻을 수 있다. 그것은 앞서 살펴본 '체험'과 같다. 자신이 그러한 빛 속에 있다는 사실을 알아차리느냐, 알아차리지 못하느냐의 차이일 뿐이다.

알아채지 못하고 깨달음을 얻는 경우도 종종 있다. 스스로 의식하지 못한 채 관조나 명상을 체험하는 것이다. 깨달음을 경험해도 생활은 거의 달라지지 않는다. 삶에 기적적인 변화는 없다. 그저 생활이 신중해지고 슬픔이 옅어지며 기쁨이 조금 커질 뿐이다.

깨달음은 누구나 체험할 수 있다. 종교나 신조와는 상관없다. 명상을 통해 깨달음을 체험한 가톨릭 신부 앤서니 드 멜로는 선사와 제자의 문답을 통해 다음과 같이 깨달음에 관해 서술했다.

"깨달음을 얻으려면 무엇을 해야 합니까?"

"아무것도 하지 않아도 좋다네."

"왜 아무것도 하지 않아도 좋다고 말씀하시나요?"

"깨달음은 무언가를 해야만 생겨나는 게 아니기 때문이지. 깨달음이란 그저 자연스럽게 일어나는 거야."

"그렇다면 깨달음을 얻을 방법 같은 건 전혀 없다는 뜻인가요?"

"그렇지 않네, 방법이야 있지."

"어떻게 하면 될까요?"

"무위로 하는 거라네."

"무위에 다다르려면 무엇을 해야 합니까?"

"잠들고 눈을 뜨기 위해 대체 무얼 하겠다는 건가?"[48]

질문하는 제자는 세속적인 사고에 물든 사람을 대표하며, 목적과 수단이라는 일반적인 사고방식을 토대로 질문한다. 선사의 대답은 그 토대를 근본부터 무너뜨린다. 이 패턴은 예로부터 전해지는 선문답과 같다. 선사의 임무는 제자들을 지배하고 있는 사고방식과 세속적 가치관을 철저히 무너뜨려, 제자가 자신의 눈으로 순수하게 자연 세계를 바라볼 수 있도록 돕는 일이다. 그것은 깨달음을 체득시키는 일이 아니다.

일반적으로 사람들이 상상하는 깨달음은 무척이나 기괴하고 초자연적인데, 이는 깨달음을 알지 못하는 사람이 상술로 이용하기 위해 가공한 이미지다. 신비롭고 초자연적인 요소가 많을수록 상품 가치가 높아지기 때문이다. 깨달음의 경지에 이르고자 하는 사람을 상대로 강연회 등을 열어 명상을 거듭한다고 해도 깨달음을 얻을 수는 없다.

깨달음은 생활 속에서 한순간에 이루어지는 체험이지, 어떠한 조건이나 특정 방법으로 얻을 수 있는 자격증 같은 것이 아니다.

지금 여기 있기에 체험할 수 있다

깨달음은 우리가 발붙이고 땀 흘리며 사는 일상에서 체험할 수 있는 극히 개인적인 사건이다. 앤서니 드 멜로가 쓴 선사와 제자의 또 다른 대화를 살펴보자.

"어디서 깨달음을 추구해야 할까요?"

"여기서 찾으면 되네."

"언제 일어납니까?"

"바로 지금 일어나지."

"그렇다면 저는 왜 그걸 체험하지 못하는 거죠?"

"자네가 보지 않기 때문이지."

"무엇을 찾으라고 하시는 건가요?"

"아무것도. 다만 보기만 하면 되네."

"무엇을 보라고 하시는 겁니까?"

"눈에 머무는 것을 보는 거지."

"무언가 특별한 방법으로 봐야 하는 건가요?"

"그렇지 않다네. 지극히 평범한 방법이면 충분하지."

"저는 언제나 평범한 방법으로 보고 있는걸요?"

"아니, 보고 있지 않아."

"왜 보고 있지 않다고 말씀하시는 건가요?"

"보기 위해서는 여기에 있어야 하네. 하지만 자네는 대개 어딘가 다른 곳에 있지 않은가."[49]

이 대화의 제목은 '임재^{臨在}'다. 임재는 '그 자리에 있다'는 뜻이다. 선사는 제자에게, 자네는 여기에 있지 않다고 말한다. 제자가 머리만 계속 굴리며 효율적인 방법만을 추구하기 때문이다. 조금도 몸을 쓰려고 하지 않는다. 하지만 제자는 그 의미를 모르고 있다. 제자는 어떤 일이든 그저 머리로 '이해'하려고 하고, 이해하는 것만으로 깨달음을 얻을 수 있다고 생각한다.

매사를 머리로만 파악하려는 습성은 고등교육을 받은 현대인의 특징이다. 현대인은 직접 체험하지 않고 다양한 상황을 논리적으로 '이러할 것이다'라고 예측한다. 나아가 사고 실험을 하는 데 그치지 않고 분명 '이럴 게 틀림없어'라고 가설을 세워 단정 짓는다.

수학 공식이라면, 사고와 논리로 이해할 수 있다. 하지만 현실은, 우리 삶은 그렇지 않다. 모든 것을 조망할 수 있다고 해도 절대로 전체를 이해할 수 없다.

예를 들어, 술을 마셔보지 않고 취기를 이해할 수 없는 것과 마찬가지다. 낚시하지 않고 안벽 위에서 바다를 바라보기만 한다면, 물결 아래에서 물고기가 낚싯바늘에 걸렸을 때의 독특한 감촉을 알 수 없다. 새끼 고양이의 사진을 보기만 해서는 새끼 고양이가 몸에 닿았을 때의 사랑스러운 촉감을 도저히 이해하지 못한다. 연애한 적이 없는 사람은 연애할 때의 미묘한 심경을 이해할 수 없다.

애초에 현실에 존재하는 것에 관해서는 어떤 방법과 지성을 총동원해도 절대 '이해'할 수 없다. 기껏해야 비슷한 과거의 경험으로 억측하는 정도에 머물 것이다.

진정으로 이해하려면 일일이 체험해서 자기 나름대로 '알아가는' 수밖에 없다. 그래서 몸이 여기에 존재하는 것이다. 내가 확실히 여기에 있고, 물리적인 몸이 이 자리에 있기에 세상을 알 수 있다. 뇌로 무언가를 이해하거나 아는 것이 아니다. 온몸으로 세계를 체험해서 아는 것이다.

체험으로 이해하는 일이야말로 세상을 살아가는 의미이자 인생의 유일하고도 가장 중요한 의의다. 하지만 현대인은 이 중요한 사실을 잊고 있다.

아이들이 신발을 벗어 던지고 맨발로 잔디밭을 뛰어다니는 모습을 떠올려보자. 어른들은 그 모습을 보며 발에 상처가 날지도 모른다고 걱정한다. 세균이 붙거나 더러워진다고 걱정하는 어른도 있다. 물론 위험할 수도 있다. 하지만 아이들은 어떠한가? 아파하지 않고 울지도 않는다. 마냥 즐겁고 신이 나 뛰어다니며 웃음이 끊이질 않는다.

아직 세상을 모르기에 두려움 없이 천진난만하게 지낼 수 있는 것만은 아니다. 아이들이 왜 그토록 즐거워하는지는 어른도 맨발이 되어 똑같은 잔디 위를 걷거나 뛰어보면 금세 체감할 수 있다. 신발을 벗고 맨발로 걷기만 해도 풀의 싸늘하고도 촉촉한 부드러움이 스며드는 느낌을 체험할 수 있다. 파릇파릇한 내음, 얼굴을 스치는 바람, 자연의 선율, 자연에서만 느낄 수 있는 단단한 생명의 감촉. 이곳에 '영원'이 존재하는 듯하다.

이 모든 것을 발바닥으로 알게 되는 순간, 저도 모르게 웃음이 배어 나올 정도의 기쁨이 내면에서 폭발한다. 아이들의 천진난만한 웃음은 발바닥에서 시작해 진정한 내면에서 우러나오는 것이다. 이것이 생생한 체험이자 임재하는 일, 곧 삶의 순수한 기쁨이다. 이 기쁨은 절대로 머리로 알거나 이해할 수 없다.

선사는 제자에게 '보라!'고 조언했다. 설명을 듣고 똑똑히 이해하라고 하지 않은 것은 직접 눈으로 보지 않고서는 실감할 수 없기 때문이다. '보라!' 이 말은 몸과 마음으로 직접 체험하라는 의미다.

모든 고통은 조용히 앉아
혼자가 될수 없는 곳에서 생겨난다.

- 앤서니 드 멜로

5장

누구나 자신을
구원할 수 있다

혼자이기에 가능한 명상

일이나 학업에서 성취를 하려면 자기계발과 공부에 힘쓰면 된다. 그렇다면 '나'를 알기 위해서는 어떻게 해야 할까? 그 대답은 예로부터 단 하나다. 바로 혼자가 되는 것이다.

사회나 집단에서 벗어나고 일, 의무, 소음, 기억, 꿈에서 멀리 떨어져 혼자가 되어야 한다. '혼자'의 의미는 주위 사람들이 나를 멀리하거나 따돌린 끝에 생긴 '외로움loneliness'이 아니다. 여기서 말하고자 하는 것은 '고독solitude'이다. 혼자인 상태에 놓이는 수동적인 의미가 아니라 스스로 나서서 혼자가 되는 상황을 가리킨다.

고독한 사람은 결코 은둔형 외톨이가 아니다. 은둔형 외톨이나 주위에서 배척되어 혼자가 된 사람의 시선은 늘 세상을 향해 있다. 언젠가 그 세계로 돌아가고 싶기 때문이다. 그들은 가치의 중심을 건너편 세상에 두고 있다. 하지만 고독은 그 반대에 있다. 중심점이 오직 자기 자신에 있으므로 혼자 있어도 부족함 없이 충만한 상태다.

시험 삼아 평소에 사용하는 전자제품의 전원을 전부 끄고 혼자 있어 보면 알 수 있다. 혼자만 있어도 충만한 상태가 곧바로 이루어지지는 않는다. 우선 따분하다. 무엇을 해야 할지 몰라 당황스럽고, 눈앞의 공간과 시간이 뻥 뚫려 있는 느낌을 견디기 어려울 것이다. 스마트폰을 만지작거리거나 음악이라도 듣고 싶을 텐데, 그것은 아직 마음이 사회의 번잡함과 활기를 원하기 때문이다. 활기를 추구하는 것은 소리나 말 또는 바쁜 용무로 일상을 채우고 싶기 때문이다. 불편하고 초조한 만큼 평소 본연의 자신을 잃은 채 살았다고 볼 수 있다.

당장의 따분함을 견디고, 정적에 점점 익숙해지면 기억이 밀려온다. 저 멀리에 있는 기억부터 최근의 기억까지, 그 하나하나를 바라보면서 감정은 다채롭게 움직인다. 그것을 남의 일처럼 바라보면 감정은 조금씩 멀어지다가 어느덧 사라지고, 다시 현재로 돌아온다. 자연의 소리밖에 들리지 않는 상태에서 가만히 앉아 있다 보면 시작했을 때와는 상당히 달라졌음을 자각할 수 있다. 혼자라도 쓸쓸하지 않다. 부족함도 없다. 더 바랄 게 없다.

그리고 자신이 외따로 여기에 존재한다는 사실을 알게 된다. 그리고 사회 속에 섞여 있을 때 자신은 분열되어 있다는 사실도 알 수 있다. 나와 하나가 된 자신이 여기에 있다는 것을 체감한다.

물을 마시면 물이 목구멍을 타고 내려가 몸속으로 떨어지는 느낌이 생생히 전해져 온다. 피부도 민감하게 온도 차를 느낀다. 걸으면 발소리가 들리고 근육의 움직임도 평소보다 잘 느낄 수 있다. 온몸이 자신을 느낄 수 있게 변화한다.

정적 속에 앉아 홀로 식사하며 음식을 맛본다. 식기를 씻고 그저 앉는다. 저물어가는 하늘에서 새들이 훌훌 날아가는 모습을 바라보고, 흔들리는 검은 구름 사이로 달이 나오는 광경을 바라본다. 이런 과정을 거치면 마치 영원을 산 것처럼 느껴진다. 시간 자체가 평소와는 전혀 다르다.

이러한 경험을 이틀 연속, 혹은 더 오랜 기간 계속하면 자신을 되찾을 수 있다. 하지만 자신을 되찾는 것만을 목표로 해서는 안 된다. 그러면 그것에만 휘둘리는 인생을 살게 되기 때문이다. 그냥 실행하라. 분에 넘칠 만큼 호사를 누리고 있다는 사실을 불현듯 깨달을 것이다. 분명 그런 시간을 보낼 수 있다는 것은 큰돈을 지불하고 물건을 사는 것보다 훨씬 사치스러운 행위다.

비용이 전혀 들지 않는, 혼자이기에 가능한 고독을 실천했다면 그다음 날부터는 다시 일상으로 돌아간다. 타인을 만나고 대화를 나누는 일이 묘하게 기쁠 것이다. 또한 타인의 심정을 조금 들여다보는 듯한 느낌을 받을 수도 있다.

그러면 고독을 체험한 시간이 멋진 기회였다고 생각할 것이다. 다시 자신의 방으로 돌아가 모든 전자제품의 전원을 끄고 정적의 시간을 맞이해도 좋다. 그 시간은 선승의 좌선 형태를 취한 것도 아니고 성인의 신비로움도 없지만, 내용은 거의 같은 수준의 명상이라 할 수 있다.

고독 명상이 주는 변화

고독 명상을 실천해본 사람은 어느새 공허와 허무감이 사라졌다는 사실을 깨달을 것이다. 갑자기 예정된 일정이 연기되어 시간이 텅 비었을 때의 난감함 같은 감각이 사라진다. 아무 할 일도 없어 따분하다든가, 이것은 쓸데없는 일이라고 단정하는 일도 사라진다.

그러면 쓸쓸한 감정이 거의 사라져 황야에 혼자 있어도 충만한 느낌이 들고 모든 게 만족스럽다. 지금까지 걸핏하면 자신을 흔들어대던 허무감과 결핍감이 자취를 감춘다. 부족함을 느끼기는커녕 오히려 모든 일에 자연스럽게 충만감을 느끼고, 모든 것을 있는 그대로 긍정하게 된다. 마음의 굶주림이 사라진 것이다. 또한 세상에 팽배한 비교 우위나 아름다움과 추함을 가리는 정량적인 사고관이 허물어졌다고도 할 수 있다.

중국 선승들의 어록을 모은 『벽암록』에 기록된 '일일시호일日日是好日'의 상태다. 일일시호일은 '날마다 변화가 있더라도 하루하루가 멋진 나날이다' 혹은 '어떤 날이든 그대로 긍정하고 매일 충실하면 만족을 느끼게 된다'라는 의미다. 이 변화가 자신에게 일어나면 틀림없이 현실적인 '구원'이 된다. 일상에서 일어나는 여러 가지 일에도 일희일비의 감정 기복이 일어나지 않기 때문이다.

더불어 끊임없이 무언가를 걱정하는 나쁜 습관도 사라진다. 걱정은 아직 일어나지 않은 일, 특히 자신이 나쁘다고 판단한 일을 최대한 부풀려 상상하고, 마치 그 일이 일어난 듯이 허둥대며 자신의 감정을 거친 파도처럼 흔들어대는 일이다. 그 걱정이 사라지니 마음은 잔잔한 바다처럼 평온해진다.

　고독은 이러한 깨우침을 수없이 가져다준다. 그렇게
나는 크게 달라진다. 이는 지금까지 나를 괴롭히던 번
민과 고뇌가 다른 무엇도 아닌 나 자신의 태도와 사고
방식에서 비롯되었다는 의미이기도 하다. 물건 자체를
보지 않고 그 주변에 달라붙은 감정, 가치관, 생각만 바
라본 것이다.

　생각과 가치관은 착각과 환영이고, 물건은 물건 자체
로 그곳에 존재한다는 사실을 비로소 깨닫게 된다.

혼자 있으면 창의적이 된다

　어둡고 조용한 곳에서 명상을 한다는 것은 머릿속에
소용돌이치는 수많은 잡념을 없애는 일이다. 단지 그만
한 일로도 우리의 영혼은 치유된다. 명상을 뜻하는 영
어 'meditation'의 어원은 라틴어 'mederi'인데, 여기
에는 '의료', '치유'의 의미가 있다. 고대인들은 명상에

사람을 치유하는 기능이 있다는 사실을 알고 있었다.

앤서니 드 멜로의 책에 등장하는 스승은 제자에게 이렇게 말한다.

모든 고통은 조용히 앉아 혼자가 될 수 없는 곳에서 생겨난다.[50]

인생에서 벌어지는 일에 일일이 동요하는 사람은 드라마에서도 현실에서도 불행하고, 그들의 삶에는 가파른 비탈길밖에 없는 것처럼 보인다. 절대로 본받아서는 안 되는 반면교사의 삶이다.

신학자 파울 틸리히는 사람이 창조적이 되는 것과 혼자가 되는 것을 관련지어 설명했다. 다음의 인용문에 등장하는 '단독자'라는 표현이 바로 고독을 대변한다.

여러분은 인생의 특정 영역에서 창조성을 발휘하고 싶어 할지도 모른다. 하지만 단독자로 살아가지 않으면 창조력을 얻지도 유지할 수도 없다. 창조 과정을 학습

하는 것보다 훨씬 풍부하게 창조력을 높이는 방법은 단독자가 되는 시간을 의식적으로 확보하는 일이다.[51]

예술가의 생활과 삶이 파울 틸리히의 말을 뒷받침한다. 혼자 있는 시간을 충분히 누리지 못한 창조자나 개발자는 일찍이 한 명도 없었다. 고독이 유지되어야 사람은 창조적인 생산 활동을 할 수 있다. 이 책에서 소개하는 사람들은 모두 창조적 생산자다.

명상이 우리에게 주는 것들

고독한 생활의 가장 큰 이점은 자연스럽게 명상 상태로 빠져든다는 것이다. 고독과 명상이 삶에 어떠한 변화를 가져오는지 하나씩 간략히 살펴보겠다.

• 집중력이 강해진다

쓸데없는 생각을 하지 않으면 지금 하는 일 한 가지

에 초점을 맞춰 집중하게 된다. 집중 강도가 높아지면 일에 자연히 녹아들고, 이 상태가 지속되면 일과 자신의 경계가 완전히 허물어진다. 이런 상황이 인간관계에서 이루어지면 상대의 입장을 상상함으로써 생겨나는 공감대가 아니라, 상대와 자신의 경계가 허물어진 진정한 공감대가 형성된다.

공부나 일에 집중하려는 목적으로 생각하지 않는 상태에 빠져드는 것은 이익을 얻으려는 의도에 기반을 둔 것이다. 따라서 깊이 몰입하지 못하고, 일시적으로 집중하는 데 그치고 만다.

우리는 종종 반려동물이 인간에게 깊이 공감하는 모습을 본다. 어쩌면 반려동물은 인간과 자신의 경계가 없어지는 집중력 있는 삶을 사는 건지도 모르겠다.

• 시간이 한층 깊어진다

집중하면 시간이 깊어진다. 즉 시간이 평소보다 훨씬 길게 느껴진다. 시간이 자신의 내면에서 종적으로 깊어진다고도 할 수 있다. 집중의 정도에 따라 오늘 하루가

길고 영원하게 느껴진다.

앤서니 드 멜로는 이렇게 말했다.

지금부터 하려는 일을 미리 앞질러 생각하지 말고, 보상받거나 피하려는 생각도 떨쳐버려라. 마음을 굳게 먹고 현재의 상황에 부딪혀보려는 자에게는, 시간이란 시작도 끝도 없는 영원한 순환으로서 아름답게 빛날 것이다. [52]

도겐 선사도 『정법안장』에서 같은 뜻의 이야기를 했고, '시간에는 전후가 없다'고 기록했다. 고대 동양인들에게 시간은 순환하는 개념이라서 '돌아오는 봄'이라는 표현을 썼다. 즉 작년 봄이 다시 돌아온다고 여긴 것이다. 현대인은 시간이 미래를 향해 흘러간다고 생각하지만, 이는 그리스도교 신학에서 생겨난 사고관이다.

• 새로운 의미와 가치를 발견한다

명상하는 사람은 보통 사람과는 다른 관점에서 사물

을 바라본다. 덕분에 어떤 일에서든 그때까지 없었던 새로운 의미와 가치를 찾아낸다.

니체가 대학 교수를 그만두고 여행을 시작한 후 세계 각지에서 절제 없는 향락 생활을 보냈다면 우리가 알고 있는 철학자 니체는 없었을 것이다. 그는 머무는 곳마다 늘 산책하며 명상했고, 새로운 사고방식을 발견했다. 그의 철학은 지식과 논리에 근거를 둔 학설이 아니라, 명상 상태에서의 발상을 토대로 한 깨달음이다.

보통 사람은 모든 일을 세상의 기준에 맞춰 생각하고, 그 사고의 울타리 밖으로 나가지 않는다. 깊은 명상을 생활 속에서 실천하는 사람은 사물의 내부에 동화하기 때문에, 모든 일을 겉모습만으로 보지 않는다. 그들은 내면에서, 혹은 외면과 내면 모두에서 사물을 본다. 자유로운 눈이 있기에 새로운 것을 발견하고, 새로운 발상을 시도하는 것이다. 보통 사람은 이 사실을 모르기 때문에 그들에게 '재능이 있다'고 얼버무린다. 재능이라는 개념은 존재하지 않는다. 그 사람이 어떻게 하느냐에 따라 능력이 발휘되거나 발휘되지 않을 뿐이다.

명상하는 사람은 감정적이지 않다. 명상을 통해 항상 수동적이고 편안한 상태에 있기 때문이다. 그렇다고 나약한 것은 아니다. 부정적인 의미에서 항상 수동적인 것도 아니다. 오히려 언제나 수동적일 수 있을 정도로 강하다. 무슨 일이 있어도 동요하지 않기 때문이다. 수동적이지만 흔들리지 않기 때문에 넉살 좋게 보일 때도 있다. 듬직해 보이기도 한다. 매사에 동요하지 않으니 우열이나 승패에 의미를 두지도 않는다. 우열이나 승패에 연연한다면 그때마다 웃고 울고 분해서 어쩔 줄 모를 것이다. 그것은 마치 협박당하는 인생이나 다름없으며, 마음이 평온하지 않은 인생을 사는 것이다.

그런 의미에서 유용한 인재를 기르는 현대사회의 학교는 아이들에게 불안을 심어주는 기관이다. 니체는 '진정한 교육자는 아이들을 해방한다'라고 주장했다. 그런데 현실의 교육자는 성적과 능력을 혼동하고, 점수를 이용해 학생들을 더 강하게 가두어 옭아맨다.

• 윤리관이 넓어진다

　일상적으로 명상을 실천하는 사람은 삶의 방식이 아이와 같아진다. 다르게 표현하면 자유롭고 천진해진다.[53] 요컨대 '분별력을 갖춘 어른'이 아닌 모습을 자주 보이는데, 이는 반사회적이라는 의미가 아니라 사회 관습에 순순히 따르지 않는다는 뜻이다. 그들은 오히려 비윤리적으로 산다.

　관습, 인습, 상식, 전례가 얼마나 인간을 억압하고 숨 막히게 하는지를 알기 때문이다. 인간으로서 아이들의 천진한 삶의 방식이 더 탁월하다고 느낀다.

　자유로운 승려이자 시인이었던 료칸 스님은 공놀이나 숨바꼭질을 하며 마을 아이들과 기꺼이 어울렸다. 아이는 본심을 감추지 않고 살아간다. 그는 이런 노래를 남겼다.

이 마을에서 공놀이하며 아이들과 노는

봄날은 저물지 않아도 좋으련만.

아이들과 손잡고 봄의 들판에서

봄나물을 따는 것이 즐겁지 아니한가.

니체도 한적한 시골에서 아이들과 천진하게 장난치며 놀았고, 괴테도 이탈리아의 아이들과 하나가 되어 즐겁게 시간을 보냈다. 이런 시간을 보내는 사람들의 내면은 나이들지 않는다. 사회의 정형화된 틀에 박혀 살지 않고, 항상 순수한 인간으로 살아가기 때문이다.

나가며

우리는 어떻게
살아야 할까?

철학자와의 대화

지금까지 우리는 다양한 사상가의 일상을 통해, 인생의 의미와 올바른 삶의 태도에 대해 살펴봤다. 그들은 관조, 명상, 그리고 깨달음을 통해 스스로를 구원했는데, 이 셋은 제각기 표현은 다르지만 실제로는 경계 없이 하나로 이어져 있다. 마치 완만한 세 개의 언덕이 이어져 있는 것과 같다. 지금은 어느 상태에 있든, 걸어가다 보면 자연스럽게 다른 상태로 옮겨 가게 된다.

오직 깨달음만이 특별한 것은 아니다. 우리가 깨달음이라고 일컫는 것이 대체 무엇인지, 지금까지 명시한 자료가 없었으므로 깨달음은 신비에 싸여 있다.

이 책을 마무리하며 '깨달음'이란 무엇인지 우리는 어떻게 살아가야 하는지 한 청년과 철학자의 문답으로 설명하고자 한다. 이미 깨달음을 체험한 사람(철학자)과 깨달음에 관심이 있는 사람(청년)이 나누는 대화에 주목하다 보면, 어느새 당신도 신비의 베일에 싸인 깨달음에 조금은 가까이 다가갈 것이다.

청년   줄곧 깨달음에 대해 알려주셨고, 그 방법도 어렴풋이 알게됐지만 인생에서 꼭 깨달음이 필요할까요? 그저 흘러가는 대로 즐기며 살면 안 되나요?

철학자   그저 흐르는 대로 살면 그것대로 편하기는 하겠지만, 인생의 많은 중요한 것들을 놓치게 될 겁니다. 즉 무엇이 중요한지도 모른 채 죽음을 맞겠죠. 그것을 진정한 즐거움 혹은 행복이라 말할 수 있을까요? 사회가 억지로 씌워준 색안경을 벗고 자신과 세상의 본질을 알게 됐을 때, 진정한 행복을 발견하게 될 것입니다.

청년　　　그럼 어렵게 깨달음을 한 번 얻고 나면 계속 그 경지에 머물게 될까요?

철학자　　　그렇지 않습니다. 깨달음을 체험하더라도 바로 현실로 되돌아옵니다. 아주 맛있는 아이스크림을 먹기 시작했다가 도중에 가지고 돌아오는 느낌이랄까요. 대신 그 찰나의 순간 얻은 것들을 인생에 적용해볼 수 있겠죠. 한 번의 깨달음으론 어려울 수도 있고, 살면서 깨달음을 여러 번 체험할 수도 있습니다.

청년　　　깨달음을 체험하는 순간은 보통 어느 정도 지속되나요?

철학자　　　사람마다 다르더군요. 한순간이라고 말하는 사람이 많고, 길게 체험한 사람도 있었어요.
기록을 보면 고대 승려들도 비슷했던 것으로 추측됩니다. 시간에 관해서는 명확히 쓰여 있지 않지만, 상황으로 유추하면 한순간인 경우가 많아요.

청년　　　그 일순간이 천국 같은 어떤 성스러운 장소에

도달한 느낌인 건가요?

철학자   말씀하시는 천국이 어떤 곳인지 상상이 잘 안 되지만, 깨달음을 얻었을 때 어딘가 다른 세계로 가는 것은 아닙니다. 풍경이 갑자기 바뀌는 게 아니에요. 장소가 달라지는 것은 아니지만, 역시 무언가 달라지기는 합니다. 빛이 나니까요. 나를 둘러싼 모든 것이 빛납니다.

청년   구체적으로 무엇이 어떻게 달라지나요?

철학자   세상 모든 것의 의미가 달라집니다. 평범하고 당연했던 것들의 의미가 갑자기 뚜렷해지고, 그것이 없어서는 안 된다는 것을 알게 되지요. 그냥 무심코 봐왔던 것들의 중요성이 보이는 것입니다.

청년   인생, 사랑의 의미도 이해할 수 있을까요?

철학자   각각의 의미를 머리로, 언어로 명확히 알려면 백과사전을 펼쳐 읽어야겠지요. 깨달음은 머리가 아닌, 체험으로 아는 것입니다. 예를 들면, 세상 모든 것이 곧 나 자신이었다는 사실을 갑자기 알게 되는 것이 지요. 10세기 중국에는 설봉 의존이라는 선사가 있었는데, "세상은 당신 자신이니라"라고 말했다고 해요.

청년　　여전히 잘 이해가 안 됩니다. 깨달음을 설명하는 다른 표현은 없을까요?

철학자　　대개 비슷한 말을 해요. 시대와 장소가 달라도 깨달음을 얻은 사람은 비슷한 말을 했습니다. 표현은 제각각 다르지만요. 대문호 괴테도 세계는 하나의 변화에 불과하다는 사실을 체험했는데, 그 경험을 「파라바제 Parabase」라는 시에 썼어요. 소개합니다.

나타나는 모습은 다양하고
큰 것이 작은 것에 숨고
작은 것이 큰 것을 품고 있네.
모두 자기 방식을 따르지만
모든 것은 영원히 하나인 것.
끊임없이 모습을 바꾸고

또한 자신을 지키면서

가깝고도 멀리 멀고도 가까이

형태를 만들고 형태를 바꾼다네.

우리는 그저 놀라서 멍하니 서 있을 뿐.[54]

청년　　외람된 말씀이지만, 깨달음이란 혹시 마음이 흔들리는 상태가 아닐까요? 잠에서 막 깨서 정신이 몽롱할 때나, 술이나 마약에 취했을 때처럼 말이죠.

철학자　　재미있는 질문이지만, 깨달음은 절대로 변성의식 상태가 아닙니다. 저도 젊을 때 마약을 해본 적이 있지만 그건 깨달음의 순간과는 전혀 달랐습니다. 본래 그 세계에 머무르는 시간도 다릅니다. 마약에 취한 상태는 아무리 짧아도 몇십 분은 계속되지요. 그에 비하면 깨달음은 정말 한순간이에요. 그 짧은 체험이 인생에 결정적인 차이를 가져오는 것이지요.

청년　　'세상이 곧 자신'이라는 말의 의미를 아직 모르겠습니다. 현실적이지 않은 뜬구름 잡는 얘기가 아닌가요?

철학자　'세상이 곧 자신'이라는 말은 '세상과 내가 동
　　　일하다'는 의미가 아닙니다. 쉽게 설명하기 어렵습니
　　　다만, 가령 세상에 존재하는 온갖 미물이, 혹은 구름
　　　끝에 떠 있는 수증기 알갱이 하나도 나와 연결되어 있
　　　다는 강한 확신입니다.

청년　　　좀 더 구체적으로 설명해주실 수 있을까요?

철학자　　그런 깨달음을 체험한 날, 저는 병원에 입원
　　　해 있는 어머니를 뵙고 돌아오는 길이었어요. 아버지
　　　도 집에서 투병 중이셔서 제가 간병하고 있었고요. 아
　　　버지가 드실 저녁을 만들려면 매일 장을 봐야 했죠.
　　　집에서 만든 음식이 아니면 거의 입에 대지 않으셨거
　　　든요.
　　　그 무렵 나를 위해 쓸 수 있는 시간은 하루에 한 시간
　　　도 되지 않았죠. 그 무렵에는 방문 요양사를 부를 수
　　　도 없었고 아무도 도와주지 않았어요. '나는 앞으로
　　　이렇게 살 수밖에 없구나' 하고 자포자기하는 심정이

었고, 그저 해야 할 일에 최선을 다해야겠다는 생각밖에 없었죠. 그날도 아버지가 드실 저녁 찬거리를 사서 돌아올 때였어요. 생선 조림을 만들까 생각하다가 돌연 그 생각이 끊어지면서 깨달음을 체험한 거예요.

청년   뭔가 초현실적인 체험을 하신 건가요?

철학자   아니요, 그렇지 않습니다. 그저 다리 건너편에 구름이 걸려 있었어요. '여름이라 구름이 정말 아름답구나' 하고 감탄했지요. 계절의 끝 무렵이어서 기세 좋고 거대한 적란운은 아니었지만, 참 예쁜 구름이었어요. 그때 갑자기 반짝반짝 빛이 보이더니 그곳에서 불현듯 지혜로운 가르침이 튀어나온 겁니다.

청년   '튀어나온다'는 말을 더 설명해주시겠어요?

철학자   무언가 확 터져서 온몸에 퍼지는 느낌이었어요. 번개 같은 걸 눈으로 본 게 아니라 지혜를 체험한 것이었습니다. 물론 그걸 인간의 지성이나 지식이라고는 할 수 없어요.

청년   죄송하지만 뭔가 환상이나 환각을 보신 건 아
닐까요? 보통 그런 일은 있을 수 없으니까요.

철학자   네, 그렇게 생각하셔도 어쩔 수 없습니다. 이
상한 일이지요. 말로 설명하기 힘든 일입니다. 그래서
저도 놀란 거고요.

청년   왜 지성, 지식과는 다르다고 생각하셨나요?

철학자   단번에 깨달음을 얻었기 때문입니다. 지성이
나 지식을 얻는 건 대개 순서와 단계가 있습니다. 하
지만 깨달음은 그렇지 않았어요. 지성 전체가 단번에
주어진 듯한 감각이었습니다. 얼굴을 들자마자 한순
간에 앞이 활짝 열리는 느낌이었어요. 모든 것이 보이
고 나와 세상이 하나로 통한다고나 할까요.

청년   어떤 식으로 보이나요?

철학자   눈에 보이는 건 단지 평범한 구름이지만, 그
구름의 아주 작은 조각 하나가 바로 나라고 명확히 알
려주는 겁니다.

청년   역시 이해하기 어렵습니다. 이렇게 말씀드리
는 게 실례일지 모르지만, 수증기나 구름이 바로 나
자신이라면, 일종의 초자연적 현상이나 환각 상태에
가까운 게 아닌가요?

철학자   네, 이해하기 어렵지요. 이해는 불가능해요.
이해는 머리를 쓰고 논리를 사용해야만 가능하니까
요. 그렇게 이성으로 이해하기 어려운 것을 파악하는
것을 예로부터 깨달음이라고 불렀던 것입니다.
저는 그 체험의 순간, 이것이 깨달음이라고 생각했어
요. 그때부터 상당히 많은 문헌을 조사했습니다. 특히
선어록을 중심으로 살펴보았지요. 외국 서적도 조사
했습니다. 그러고 나서 역시 깨달음이 맞다고 확신했
어요.

청년   무례한 추측이지만, 지금까지 깨달음을 체험
한 사람이 모두 정신질환을 앓았을 확률은 없을까요?

철학자   매우 흥미로운 의심이군요. 뭐, 그럴 수도 있
지요. 그렇다고 하면, 이건 매우 긍정적인 정신질환이

라고 해야 하지 않을까요?

청년　　누군가에게 폐를 끼치는 게 아니라면 말이죠.

철학자　　앞으로 과학 등의 학문이 더 발달한다 해도 과연 깨달음이 무엇인지 누구나 알기 쉽게 말과 글로 설명할 수 있을까요? 깨달음은 언어와 논리를 초월해 있습니다. 그것들로 이해하고 설명할 수 있든 없든, 깨달음은 계속 존재할 것이고 수많은 사람이 깨달음을 체험할 겁니다. 자신의 체험이 깨달음이었다고 알아차리지 못하는 사람도 많겠지요. 저는 깨달음이란 긍정적인 '이해'라고 생각합니다.

청년　　긍정적인 이해란 어떤 의미인 건가요?

철학자　　사람은 누구나 늙고 쇠약해져 죽음에 이르지만 깨달음은 그 죽음을 초월한 가르침이니까요. 깨달음의 체험으로 이 세상에 존재하는 것은 모두 영원히 존재한다는 가르침을 얻었어요.

청년   인간은 죽지 않는다는 가르침을 얻으셨다는 말인가요?

철학자   인간뿐만이 아니라 세상의 모든 존재는 소멸하지 않습니다.

청년   흥미로운 사상이지만, 식물도 동물도 태어나면 언젠가 죽는 게 당연하지 않습니까?

철학자   네. 개체로 보면 그렇게 생각할 수 있지요. 하지만 죽음은 소멸이 아니라 만물이 변화하는 모습 중 하나입니다. 다음 단계에 이르는 변화의 마지막 모습일 뿐이지요.

청년   죽음 이후에 또 다른 무언가로 변화한다는 건가요? 말하자면 '윤회'의 다른 말인지요?

철학자   그렇게 이해할 수도 있을 겁니다. 또 과학 법칙을 예로 설명할 수도 있을 거고요. 바로 에너지·질량 보존 법칙으로 말이지요. 그 물리학 법칙에 따르면 꽃과 나무가 지고, 생물이 죽고, 설령 지구나 태양이

소멸하더라도, 우주를 구성하는 전체 에너지와 질량
에는 어떠한 변화도 없습니다. 그저 다른 형태로 변화
하는 것뿐이지요.

이처럼 세상 만물은 서로 연결되어 영향을 주고받고,
소멸하지 않고 하나의 형태에서 다른 형태로 계속 변
화해 갈 뿐입니다. 그 모든 과정이 바로 생명이지요.
그 신비를 체험하게 되면, 모든 괴로움과 번뇌와 두려
움이 사라집니다. 저 아름다운 구름이 나와 하나로 연
결되어 있다는 걸 깨닫고, 그 아름다움을 온전히 느끼
게 됩니다. 눈앞의 삶을 있는 그대로 사랑할 수 있게
되지요.

청년   저도 그런 체험을 해보고 싶어졌어요. 그런데
깨달음을 얻는 사람의 기준이 있나요?

철학자   기준은 없습니다. 깨달음을 정량화할 수는 없
으니까요. 하지만 깨달음을 얻은 사람은 깨달음을 얻
은 다른 사람을 분간할 수 있습니다. 겉모습으로는 알
기 어렵지만 태도나 말투로 대략 알 수 있지요. 특히

그 사람이 쓴 글이나 문장을 단서로 삼으면 매우 명확히 알 수 있습니다.

청년　　역사상의 유명한 인물 가운데 깨달음을 체험한 인물이 있을까요?

철학자　　중세 독일의 사상가 마이스터 에크하르트가 확실히 깨달음을 체험했고, 철학자이자 렌즈 가공으로 생계를 꾸렸던 스피노자도 그렇지요. 스피노자는 정확도 높은 실험용 렌즈를 연마하는 일에 몰두하던 중에 깊은 명상 상태로 들어갔다고 합니다. '신은 자연이다'라고 주장한 걸로 봐서 깨달음을 체험한 것 같아요. 인상파 화가로 잘 알려진 클로드 모네도 깊은 명상을 체험했을 겁니다.

청년　　모네 말인가요? 왜 그렇게 생각하시는지요?

철학자　　「수련」이나 「루앙 대성당」 같은 유명한 작품을 보면 알 수 있습니다. 그건 깨달음을 체험했을 때 시야에 들어오는 세계가 빛나는 모습과 아주 똑같습니다. 그리고 모네가 이런 말을 했다고 해요. 이 중요한 발언은 역시 깨달음과 관련이 있다고밖에 생각할 수 없어요. "나는 오로지 그곳에 보이는 하나의 현상을 거의 완벽하게 붙잡으려고 애썼습니다. 왜냐하면 현상이란 반드시 실재와 깊이 관계되어 있으니까요. 알려지지 않은 실재와 말입니다."

청년　역시 깨달음을 체험한 사람에게는 공통된 인식이 있다는 말씀이신가요?

철학자　네, 몇 가지 있습니다. 특징적인 공통점으로는 자신과 세상 사이에 경계가 없어진 감각을 들 수 있어요. 이것이 깨달음을 얻은 사람들이 체험한 가장 중요한 인식입니다.

청년　그럼 자신과 타인 사이에도 경계가 없나요?

철학자　그렇습니다. 본래는 경계가 없어요. 다만 행동이 다른 거지요. 하지만 자신과 타인의 행동이 다르다고는 해도, 대개는 비슷합니다. 경계를 찾아내기 어려울 정도로 비슷해요.

청년   뭐, 모두가 인간이니까요.

철학자   심지어 사람과 신, 또는 부처 사이에도 경계가 없어요.

청년   신은 초현실적인 존재이고, 부처도 인간을 초월한 존재가 아닌가요?

철학자   아니요. 그렇지 않습니다. 부처는 깨달음을 얻은 사람, 각성한 사람을 뜻합니다. 따라서 당신이 깨달음을 얻으면 당신이 부처인 거지요. 신은 초현실적인 존재가 아닙니다. 애초에 객관적 실재가 아니라 이념이에요. 인간이 도달할 수 있는 최고 이념을 인격화해 신이라고 불러온 겁니다.

청년   그 이념이란 무엇인가요?

철학자   말하자면 우리는 모두 하나로 연결된 존재이기에 살면서 서로 돕고, 폭력을 휘두르거나 미워하지 않고 서로 사랑하는 것입니다. 우리가 생각할 수 있는 모든 선의 이념이지요.

청년　　　그렇군요. 응축된 선의 이념을 신이라고 부르는 거네요. 흰옷을 입은 반듯한 용모의 노인 남성이 신의 모습이라거나, 어딘가 천국과 지옥 같은 공간이 있는 식이 아니었군요.

철학자　　그건 실재가 아니라 일종의 상업적 이미지에 지나지 않습니다. 일반적인 이미지로 그려진 신이나 천국, 지옥 같은 건 대중의 인기를 노리는 아이돌과 마찬가지로 상업 도구의 하나일 뿐이지요.

청년　　　사람은 겉모습에 곧잘 속으니까요. 하지만 자신과 타인, 혹은 자신과 부처의 경계가 없어진다는 이야기를 이해하기 쉽지 않습니다. 조금 더 친절하게 설명해주실 수는 없을까요?

철학자　　아사하라 사이치淺原才市라는 분을 아시나요? 나막신을 만드는 장인으로 일하면서 시를 쓴 인물입니다. 그가 쓴 시를 하나 읽어볼까요.

사바세계도 극락정토도 모두 하나
시방세계는 곧 티끌이나 먼지와 같고
곧 나의 것이니라
나무아미타불 나무아미타불

이 시에서도 알 수 있듯이 아사하라 사이치는 세상을
자신의 것이라고 읊었습니다. 이 사람도 현실과 깨달
음의 세계, 자신과 부처의 세계에 경계가 없다는 것을
매일 실감했지요.

청년   단지 신앙을 고백한 것이 아니라 자신이 매일
체감하는 것을 시로 표현했군요. 그런데 자신과 세상
사이에 경계가 없다면 생활하기가 어렵지 않을까요?
철학자   아니요, 그렇지 않아요. 경계가 완전히 없어
지는 것은 깨달음을 체험한 그때뿐입니다. 곧바로 평
소의 현실 감각으로 되돌아오는 거죠.

깨달음을 얻는 사람의 인식이라고는 할 수 없지만, 깨
달은 순간에는 무척 놀라게 됩니다. 하지만 그것이 바
로 기쁨이 되지요. 이것도 모두 같습니다. 깨닫는 순
간 저도 모르게 웃는 사람이 있으니까요.

청년   왜 웃는 건가요?

철학자   유쾌하니까요. 세상이 이런 거였구나, 멋지지
않은가 하고 기쁨이 터져 나오기 때문입니다. 벼락이
라도 맞은 것 같은 충격을 느끼는 사람도 있어요. 그
만큼 놀라는 겁니다.

청년   그때 세상이 어떻게 보이나요?

철학자   세상은 자신과 같다는, 혹은 자신이 세상을
구성하고 있다는 사실을 알게 됩니다. 세상에는 여러
물건이 있는데, 그 어떤 것이 자신이라고 해도 현재의
자신과 전혀 차이가 없다는 것을 알 수 있습니다. 따
라서 세상 모든 것의 가치는 같아집니다. 동일한 존재
가 그저 관점에 따라 다른 각각의 물건으로 존재하는

것처럼 보는 거예요.

청년   그런 인식이 우리 삶에 어떤 도움이 될까요?

철학자   모든 차별과 증오가 사라집니다. 깨달은 사람은 차별하지 않아요. 사람과 동물을 차별하지도 않습니다. 우연한 순간에 그 동물과 자신이 구별되지 않는 경우도 있고요.

청년   모든 것이 구별되지 않으면 곤란한 경우도 있지 않을까요?

철학자   아닙니다. 구분되지 않는다고 해서 섞이는 건 아니니까요. 모든 존재가 같으면서도 각각의 형태는 다 다릅니다. 그런데도 완벽히 통하는 느낌인 거지요. 이 동일한 세계에는 시간도 포함됩니다. 시간이 우리 존재와 별개의 것으로 모든 것을 꿰뚫는 특별한 것이 아니라, 이 또한 허구의 산물이라고 인식하게 됩니다.

청년   시간이 허구라는 것은 어떤 의미입니까?

철학자   현대 물리학에서 시간은 절대적인 것이 아니
라 상대적인 것입니다. 관찰자에 따라, 속도에 따라
달라지죠. 하지만 우리가 사는 현실 세계에서 시간은
꽤 유용합니다. 이를테면, 오른쪽을 파악하기 위해 왼
쪽이 있는 것과 마찬가지예요. 사실은 절대적 의미에
서 오른쪽과 왼쪽은 없습니다. 시간도 이와 마찬가지
예요.

청년   시간도 없다고 한다면, 그럼 이 세계에 있는
건 무엇일까요?

철학자   이 세계에 있는 것은 존재뿐이라고 생각해요.
모든 것이 존재이고, 그것이 다양하게 디자인되어 이
세계에서 다채로운 형태를 취하고 있는 것이지요.

청년   그렇다면 우리는 이 세상을 어떻게 살아가야
할까요?

철학자   편견 없이, 마치 재미있는 놀이를 하는 것처
럼 살면 됩니다. 저는 이 세계를 '존재의 축제'라고 보

는데요. 모든 존재가 때에 따라 가지각색의 빛깔로 바꾸고, 서로 어우러져 시끌벅적하게 놀고 있는 상태인 거죠. 삶, 죽음, 생명, 소멸 모든 것이 그 과정에서 이루어지는 다양한 변화의 한 모습일 뿐입니다.

누군가는 노을을 보며 오늘 하루를 후회하고 내일을 걱정하지만, 다른 누군가는 같은 풍경을 보며 그 아름다움을 만끽하고 기쁨과 환희를 느낍니다. 어떤 삶이 더 행복할까요? 앞서 살펴본 일곱 명의 사상가들이 그랬던 것처럼, 명상을 통해 우리의 시야를 가리고 있는 편견을 없애고 우리 앞에 주어진 삶을 있는 그대로 바라보며 행복하게 살아가기를 바랍니다.

주석

1. 『인간적인 너무나 인간적인』, '방랑자와 그의 그림자' 의역.

2. 『인간적인 너무나 인간적인』, '방랑자와 그의 그림자'.

3. 『인간적인 너무나 인간적인』, '방랑자와 그의 그림자' 의역.

4. 『니체의 병적ニーチェの病跡』에서 1880년 8월 14일 페터 가스트에게 보낸 서간(페터 가스트는 니체가 지어준 별명이며 본명은 하인리히 쾨젤리츠 Heinrich Köselitz다 – 옮긴이).

5. 『니체의 병적』에서 1880년 8월 20일 페터 가스트에게 보낸 서간.

6. 『인간적인 너무나 인간적인』, '방랑자와 그의 그림자'.

7. 『인간적인 너무나 인간적인』, '고급문화와 저급문화의 징후'

의역.

8. 모든 일이 영원히 그대로 순환된다는 니체의 고유한 사상이다.

9. 『이 사람을 보라』

10. 『이탈리아 기행』 나폴리 1787년 3월 5일.

11. 『이탈리아 기행』 로마 1787년 2월 2일.

12. 『이탈리아 기행』 로마 1786년 12월 13일 .

13. 『시와 진실』 제3부.

14. 『이탈리아 기행』 나폴리 1787년 3월 17일.

15. 관찰과 관조의 차이에 관해서는 이 책 112쪽에서 설명한다.

16. 괄호 내용은 필자가 정리한 의역이며, 다른 부분은 「체험」의 번역문을 인용했다.

17. 일본의 시인이자 독일문학가 다카야스 구니요高安國世가 번역했다.

18. 『릴케』, 오야마 데이이치大山定一 외 옮김.

19. 고시나 요시오神品芳夫 외 옮김.

20. 『릴케 전집 5』

21. 『릴케 전집 5』

22. 『십우도 자신의 현상학十牛圖 自己の現象』

23. 이 책 87쪽에 나와 있듯이 지한 선사가 깨달음을 얻었을 때의 시문과 같은 의미다.

24. 릴케 후기 시집인 『스페인 삼부작』에서 인용했고, 후지카와 히데오 외 여럿이 번역했다.

25. 현대어 번역.

26. 『존재의 기술』에서 요약.

27. 『일 분 헛소리』

28. 『사랑의 기술』

29. 『사랑의 기술』

30. 『나와 너』에 수록된 '대화'.

31. 마르틴 부버의 표현에 따르면, 유대교의 하시디즘에서는 '신은 모든 사물 속에서 볼 수 있고, 모든 순수한 행위를 통해 그러한 경지에 이를 수 있다'고 한다.

32. 『나와 너』

33. 「루가의 복음서」 제10장 요약.

34. 여기에 있는 나는 단순히 자신을 가리키며, 자기 이익만을 탐하는 '아욕我欲'을 의미하는 경우의 '나我'가 아니다.

35. 『그것은 세상의 울음이다 Es ist ein Weinen in der Welt』에 수록된 '마르틴 부버'편.

36. 상동.

37. '경험 방식을 바꾼다'는 말도 또한 '세련'을 달리 표현한 것이며, 의미는 같다. 선禪이라는 말은 평온하게 있는 것을 의미하는 '선정禪定'에서 비롯되었다. 산스크리트어로 '니르바나nirvana'라고 한다.

38. 『선禪』, '선의 의미'.

39. 스즈키 다이세쓰 전집 중 『니시다 기타로西田幾多郎에게 보내는

편지』의 일부를 현대어로 번역했다.

40. 『경덕전등록 景德傳燈錄』 4권의 일부를 현대어로 번역했다.

41. 『선 禪』, '실존주의, 실용주의와 선'. 여기서 스즈키 다이세쓰는 '개념'이라는 말을 엄밀하게 사용하지 않았다. 그가 강조하고 싶은 것은 오히려 '관념'일 것이다. 관념의 내용은 개개인이 자유롭게 상상하는 것이기 때문이다.

42. 『존재와 소유 Etre et avoir』

43. 『정법안장』의 '현성공안 現成公案'. 참고로 『정법안장 1』을 쓴 이시이 교지 石井恭二는 이 부분을 다음과 같이 옮겼다. "진리를 추구한다는 것은 자기 自己가 무엇인지를 묻는 일이다. 자신이 무엇인지를 묻는다는 것은 자신을 잊는 일이다. 해답을 자신 안에서 구하지 않는 일이며 모든 현상 속에서 자신을 증명하는 일이다. 모든 존재 안에서 자신을 증명하는 일이다. 나, 그리고 자기 존재의식을 지탱하는 다른 자신을 탈락시켜 진아 眞我-자성 自性을 무한한 진리 속에 증명하는 일이다." 또한 원문의 '타기 他己'는 엄밀하게는 타인을 가리킬 뿐만 아니라 자연의 수목을 포함한 모든 존재물을 가리킨다.

44. 『정법안장』, '유시 有時'.

45. 『정법안장』.

46. 스즈키 다이세쓰 전집에서 『종교적 반성』의 일부를 현대문으로 옮기고, 중심 내용을 간략히 정리했다.

47. 『나와 너』. 작은따옴표는 저자가 보충한 주석이다. 부버는 '경험'이라는 단어를 썼지만, 진정한 의미는 '체험'을 뜻한다.

48. 『침묵의 샘^{沈黙の泉}』, '있는 그대로'.

49. 『침묵의 샘』, '임재'.

50. 『침묵의 샘』 '간파^{看破}'.

51. 『파울 틸리히 저작집^{パウル・ティリッヒ著作集}』

52. 『일 분 헛소리』.

53. 아이처럼 모든 일을 있는 그대로 받아들이는 태도를 선에서는 '무분별^{無分別}'이라고 한다.

54. 『시에 비친 괴테의 생애^{詩に映るゲーテの生涯}』

옮긴이 김윤경

일본어 전문 번역가. 한국외대를 졸업하고 오랜 직장생활을 거쳐 번역이라는 천직을 찾았다. 다른 언어로 표현된 저자의 메시지를 우리말로 옮기는 일의 무게와 희열 속에서 10년 넘게 새로운 지도를 그려나가고 있다. 역서로『철학은 어떻게 삶의 무기가 되는가』,『왜 일하는가』,『왜 리더인가』,『괴테가 읽어주는 인생』,『일을 잘한다는 것』,『왜 세계사의 시간은 거꾸로 흐르는가』,『뉴타입의 시대』,『나는 단순하게 살기로 했다』,『나는 치매 의사입니다』 등 60여 권이 있다. 현재 출판번역 에이전시 글로하나를 꾸려 다양한 언어의 도서 리뷰 및 번역 중개 업무도 함께 하고 있다.

세상의 속도에 휩쓸리지 않고 나를 여행하는 법

니체와 함께 산책을

초판 1쇄 발행 2021년 9월 27일
초판 4쇄 발행 2022년 4월 25일

지은이 시라토리 하루히코
옮긴이 김윤경
펴낸이 김선식

경영총괄 김은영
콘텐츠사업4팀장 김대한 **콘텐츠사업4팀** 황정민, 임소연, 옥다애
편집관리팀 조세현, 백설희 **저작권팀** 한승빈, 김재원, 이슬
마케팅본부장 권장규 **마케팅4팀** 박태준, 문서희
미디어홍보본부장 정명찬 **홍보팀** 안지혜, 김은지, 박재연, 이소영, 김민정, 오수미
뉴미디어팀 허지호, 박지수, 임유나, 송희진, 홍수경
재무관리팀 하미선, 윤이경, 김재경, 오지영, 안혜선
인사총무팀 이우철, 김혜진 **제작관리팀** 박상민, 최완규, 이지우, 김소영, 김진경
물류관리팀 김형기, 김선진, 한유현, 민주홍, 전태환, 전태연, 양문현
외부스태프 교정교열 박은영 일러스트 étoffe 이나영

펴낸곳 다산북스 **출판등록** 2005년 12월 23일 제313-2005-00277호
주소 경기도 파주시 회동길 490 3층
전화 02-702-1724 **팩스** 02-703-2219 **이메일** dasanbooks@dasanbooks.com
홈페이지 www.dasanbooks.com **블로그** blog.naver.com/dasan_books
종이 (주)아이피피 **출력 및 제본** 한영문화사 **후가공** 평창피앤지

ISBN 979-11-306-4118-8 (03100)